秘境駅の世界

旅鉄BOOKS編集部

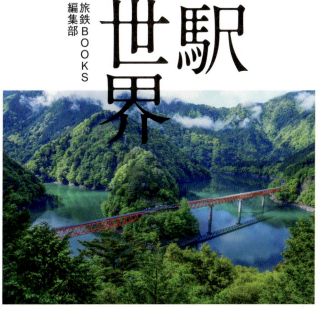

秘境駅の楽しみ方 1

知っておきたい「秘境駅」の歴史。

今や鉄道ファンのみならず、幅広いファンをもつ「秘境駅」。秘境駅をめぐる列車が運行されたり、町おこしのイベントに活用される秘境駅の歴史についておさらいしておこう。

1999年

牛山隆信氏、HP『秘境駅へ行こう!』開設

1999年10月15日、「秘境駅」の第一人者として知られる牛山氏が秘境駅を紹介するHPを開設。駅の写真や説明が詳しく紹介されており、多くの鉄道ファンが訪れるHPだ。

2010年

「飯田線秘境駅号」運行開始

臨時観光列車として飯田線で運行されている急行「飯田線秘境駅号」。2010年に「魅惑の飯田線秘境駅号」(豊橋～天竜峡)として運行開始となり、20年には10周年を記念した急行「10周年飯田線秘境駅号」が運行された。

2012年

『旅と鉄道』で特集がはじまる

雑誌『旅と鉄道』ではじめて「秘境駅」の特集が組まれた。以後、14年、15年、17年、19年とさまざまな角度からその魅力を紹介。読者からの人気も高く、これまで計8回特集を組む人気企画となった。

2012年

2015年

2015年

「秘境駅」で町おこし

秘境駅がテレビ等で放送され、観光名所となる。北海道幌延町では、2015年10月に「幌延町まち・ひと・しごと創生総合戦略」が策定。これに基づき秘境駅を活用した町おこし事業が進められている。

冷めやらぬ「秘境駅」人気

じわじわと知名度を高め、今や本や雑誌以外にもテレビ番組やネットでも取り上げられる「秘境駅」。ぜひこの本を片手にあなただけの"お気に入り秘境駅"を見つけてほしい。

秘境駅の楽しみ方 2

なぜ人は秘境駅に惹かれるのか。

鉄道ファンが愛してやまない「秘境駅」。様々な媒体が特集を組み、その魅力を伝えているが、そもそもなぜ我々はこんなに秘境駅に惹かれるのだろう。そんな疑問を心理学の観点から考えてみた。 文／濱田智崇

様々な「秘境駅の魅力」を見出す「内向型」な鉄道好き

「秘境駅の魅力は？」といった質問に対する答えを見ても、みなさんバラバラですよね。いろいろな人に聞けば聞くほど「なぜ人は秘境駅に惹かれるのか」は余計にわからなくなっていくようです。実はこのバラバラさが、鉄道好きの心理をよく表しているのです。

心理学者として有名なC・G・ユングは、人間の性格を8つのタイプに分ける、タイプ論を提唱しました。その中でユングは、人間をまず大きく2つに分類し、それぞれを「外向型」「内向型」としています。外向・内向と言うと、前者が社交的な性格で、後者は内気で引っ込み思案、と思われるかもしれませんが、ユングの理論では少し違います。その人の関心を向ける方向や、行動の基準に

しているものが、外界（現実世界）をメインとしているか、あるいは内界（その人のこころの中の世界）をメインにしているかによって分類されているのです。現実世界の情報をそのまま受け取るのが外向型、現実世界の情報から受けた刺激によって、自分のこころの中に生じる動きの方に注目するのが内向型とも言えます。たとえば、京都から吉野へ行こうとして、橿原神宮前駅で「乗り換え？ みんながするから自分も遅れずにしよう……」と周りで起こる現実に合わせるのが外向型、「乗り換え？ 楽しい！ この先は狭軌か？ 車両はどう違う？……」以下、自分の内面の世界に入っていくのが内向型です。

つまり、現実世界から同じ情報を受け取っていても、それに刺激されてこころの中に起きることは人それぞれであり、内向型の人たちは現実よりも、自分のこころの動きの方に関心をもち各自好きなように楽しんでいることになります。だからこそ、一見周りに何もないように見える秘境駅であっても、様々な楽しみ方が見出せるのです。秘境駅の楽しみ方が人によってバラバラなのは、これである程度説明がつくように思います。

「非日常」が引き出す自己治癒力

われわれがカウンセリングを行う際、大切にしている要素のひとつに「非日常性」があります。カウンセリングを「非日常」にするために必ず守っているものは、時間です。もちろん空間も大切ですが、時間についてはかなり厳格です。たとえば"毎週木曜日の11時から11時50分まで"と決めたら、クライエント（カウンセリングに来る方）とは絶対にその時間しか会いません。「24時間いつでも困ったときに相談に乗ります」の方が便利で親切に見えるかもしれませんが、そうしてしまうと、それは「日常」になってしまいます。時間の「縛り」が非日常を日常から隔てる「守り」になっているということです。

非日常の中であれば、たとえばちょっと疲れてしまった職場の人

秘境駅の楽しみ方2
なぜ人は秘境駅に惹かれるのか。

間関係から距離を取って、自分と向き合うことができます。そして様々なしがらみから解放された状態で、自分とゆっくり向き合うことにより、人間のこころは自己治癒力を発揮してきます。非日常的な時空間の中で人は癒され、また日常へ戻って行くことができるのです。

この、非日常性が引き出す癒しの力こそ、秘境駅が持つ基本的な魅力だと思います。忙しい日常から一時的にでも離れて、自分と向き合う時間を持つことができれば、それだけでも、そこが癒しの場になり得ます。秘境駅が、美しい森に囲まれていたり、広々とした海に面していたりすれば、なお さら癒し効果は高まるかもしれません。

そしてカウンセリングと同様に、秘境駅にも停車する列車の本数が限られているという時間的な「縛り」があります。この「縛り」が「守り」になって、秘境駅の非日常性が保証されているのです。列車の本数が少なければ少ないほど、その場所に到達しにくくなる、すなわち非日常性が高まることで、秘境駅の魅力も増すと考えられます。到達するための障壁が高いほど、対象の魅力が増して感じられることを心理学で「ロミオとジュリエット効果」と言いますが、それも関係しているそうです。

日本の鉄道の正確さが秘境駅の魅力を高める

さらに、私自身も含めてですが、鉄道が好きな人というのは様々な「縛り」が好きなのではないかと思うことがあります。自動車は道路があればたいていどこへでも自由に走っていけますが、鉄道はそうは行かず、様々な縛りがあります。ここは軌間が違うから乗り入れできない、この駅は踏切に挟まれていてホームが伸ばせないから編成の長い列車を停車させられない、等々ですが、鉄道好きはこうした縛りに対して、不満やイライラを感じるよりもむしろテンショ

ンが上がってしまうわけです（そうですよね？）。直通列車がなければ乗り換えが必要ですし、当然あらかじめ決められたダイヤ通りにしか列車は走ってくれないわけですが、そうした縛りを克服してどうしたらうまく乗り継げるか、といったことを楽しめるタイプの人が、鉄道好きになっているのではないでしょうか。その意味で、到達しにくい秘境駅を目指すという行為は、あらゆる縛りを克服するゲーム的楽しさも、格段に大きいと言えるでしょう。

もうひとつ、日本の鉄道の時間的正確さが、秘境駅の魅力をさらに高めているとも言えます。非日常に足を踏み入れてしまいますと、簡単に帰って来ることはできませんが、その点「秘境駅」は違います。

どんなに人里離れた場所であっても、レールで確実に自分の日常の場とつながっていて、本数は少なくても決められた時刻になれば必ず列車が来る、という安心感があります。その安心感があるからこそ、一時的な非日常を存分に味わえるのです。秘境駅は、日常と非日常とを、安全・確実に行き来できる、とても優れた装置と言えるのではないでしょうか。

Profile

濱田 智崇
はまだ ともたか

京都橘大学健康科学部心理学科准教授、臨床心理士・公認心理師、カウンセリングオフィス天満橋代表、一般社団法人日本男性相談フォーラム理事。小田急線と御殿場線がクロスする町の出身で、曽祖父は御殿場線のSL機関士。幼稚園へ3年間、小田急線で通ったことから鉄道にハマる。現在は、嵐電の沿線に湘南色の家を建てて暮らしている。好きな秘境駅は指宿枕崎線頴娃（えい）駅。

秘境駅の1日

1日の乗降客数が平均2人という坪尻駅。
そんな秘境駅感満載の坪尻駅に1日滞在したら
どんな列車や人と出会えるのか。
坪尻駅の始発から終電までを追った。

撮影・文／坪内政美

駅へは道路もなく獣道というレベルの山道があるだけ。これが秘境駅"西の横綱"といわれる所以だ
※時刻等は取材時（2022年7月）のものです

column

坪尻駅ってどんな駅?

坪尻は全国でも珍しいスイッチバック式で入線する駅。四方を山で囲まれた谷底に位置する。元々は鮎苦谷川(あいくるしだにがわ)の川底だったといい、鉄道敷設のためにわざわざ川の流れを移動させて1924年に信号場として開設。

6:50 エンジンが唸りを上げて四国山地へ突入する普通列車。少なからずとも地域の重要な足を全うしている

7:00

右/上り列車はそのまま駅へ入線し、後でスイッチバックを行う 左/駅前はちょっとした広場になっているが何もない

10時間滞在! 秘境坪尻駅でまったり

秘境の祖谷温泉がある徳島県大歩危発の始発列車に揺られ秘境駅で知られる坪尻駅に降り立ったのは7時2分。四国を縦断するように走る土讃線1両のワンマン列車には私のほかに5人乗車していたが、見る限り学生たちでこの駅を出ると次は"讃岐"財田だ。つまり香川へ県を跨いで通学していることになる。便数こそ不便だが、その境遇は羨やましく思える。列車は私を置いてゆっくりと今来たルートを後進して200m先にある待避線に入り、再び出発準備を整えると、ディーゼルエンジンの唸りを上げて今度は勾配のついた本線を駆け上がり県境へ続くトンネルへと吸い込まれて行った。

1948年竣工の雰囲気ある木造駅舎と片面一線の鄙(ひな)びたホームで構成する坪尻駅。ちなみに自動販売機・トイレはない

10分の秘境体験、もはや観光駅として存続

滞在約1時間15分後、早速忙しい時間帯に遭遇する。阿波池田発の普通列車が8時15分に入線しそのまま14分停車する。その間上下特急列車が脇の本線を通過、しかもそのどちらも5両編成の長編成だから構図に悩むのだった。

11時24分。滞在4時間20分にして、坪尻駅最大のイベントが起きようとしている。訪れた日はちょうど金曜日。この日は土讃線観光列車「四国まんなか千年ものがたり」が運行され、この駅でスイッチバックを行ってから入線し約10分の散策停車が行われるのだ。オリジナルソングを奏でながら、3両編成の列車が入って来る。ドアが開くとよ一斉にホームが賑やかに。

010

秘境駅の1日

11:30

わずかな停車時間だが、駅には記念スタンプも設置されている

絶景の中、記念撮影。掛け声は「ハイ・センネン!」

7:15

考えると、今日私以外にホームに降りたのはこの乗客たちが最初である。「以前も来たことがあったけど、随分駅がきれいになりましたね。」と親子で乗車していた乗客は話す。確かに秘境感や駅看板は整備されている。ホームや駅看板は整備されつつ、秘境感は残しつつ、確かに秘近年、駅を利用する地元乗降客数が0人となっていたこともあり、一時は信号所として駅閉鎖案も出ていたという同駅。この観光列車がなかったら、とうに廃駅になっていたかもしれない。あっという間の10分間が終り、再び一人ぼっちの時間が訪れた。

登山に挑戦!
絶景の展望台へ誘う

12時33分。滞在5時間30分にして、ようやく下り一番列車となる阿波池田行きに遭遇。この列車もまた降りる者なくホーム

13:00 観光列車「四国まんなか千年ものがたり」号運転日は上りと下りの1日2回、この駅で散策停車を行う

右上／駅前にはなんと「マムシ注意」の警告板が……　右下／なんと、阿波池田から四国交通が運行するバスが1日3便運行されている　左上／駅へは、この山道が国道32号からアプローチする！　左下／坪尻駅を俯瞰できる展望台。裏手から車も通行できる道路が整備されている

最終は17時01分　長い一日が終わる

で見送った後、気になっていた駅を俯瞰できる展望台へと行ってみることにした。構内踏切を渡り荒れ放題の山道をひたすら登る。約20分で国道32号へ出ると、さらに上へ登る地元道路を駆け上がった先に立派なコンクリート製の展望台がお目見えした。ちなみに駅からもその存在は確認できる。2016(平成28)年に起きた鉄道愛好家の転落事故と観光列車運行をきっかけに地元集落の方々が設置したといい、その眺めはやはり絶景！　ちなみに阿波池田からバスも運行されており、国道には「坪尻」バス停が存在する。

14時・15時台とやって来る上下普通列車を展望台から見

秘境駅の1日

column

坪尻駅を通過する列車たち

1000形一般形気動車
停車・通過する普通列車は全てこの1000形が充当されている。1990年からJR四国が導入した車両で高知運転所所属である。

2700系特急形気動車
通過する特急「しまんと」および「南風」に2000系の置き換えとして導入された制御付き自然振り子式気動車。一部はアンパンマン仕様。

キハ185系特急形気動車
かつては「しまんと」「南風」として活躍した同車だが、2017年に3両が観光列車「四国まんなか千年ものがたり」となって坪尻に復活した。

17:00

夜が更けた谷底の坪尻駅。17時以降は停車する列車はなくむなしく電灯は灯っている(別日に撮影)

届け再び眼下にある駅へ。滞在9時間30分、暑さも手伝い疲労困憊でホームのベンチに横になり30分後にやって来る最終列車を待つ。結局、坪尻駅に降りたのは、展望台から確認した上下普通列車を利用し1時間滞在して行った男性1人のみ。2022(令和4)年6月24日金曜日の乗降客数は私を含めて2人と記録されるだろう。

CONTENTS

秘境駅の世界

特集	秘境駅の楽しみ方①	2
	秘境駅の楽しみ方②	4
	秘境駅の1日	8

第1章 北海道の秘境駅 …… 17

糠南／抜海／下沼／南幌延／雄信内／筬島／天塩川温泉／智北／瑞穂／塩狩／北秩父別／西女満別／細岡／釧路湿原／茅沼／昆布盛／トマム／浜厚真／銀山／比羅夫／小幌／渡島沼尻／赤井川／仁山

第2章 東北の秘境駅 …… 33

驫木／広戸／奥津軽いまべつ／金谷沢／千曳／毘沙門／津軽湯の沢／鯉川／大張野／及位／大滝／大沢／峠／岩野目／左通／奥阿仁／折渡

第3章 関東・甲信越の秘境駅

桂根／女鹿／刺巻／有家／一の渡／白井海岸／曲沢／横間／安比高原／松草／上有住／堺田／白兎／江田／面白山高原／奥新川／東白石／あぶくま／塔のへつり／七ヶ岳登山口／大川ダム公園／早戸／郷戸／会津水沼

男鹿高原／豊原／小塙／千平／中野／祖母島／袋倉／西吾野／中根／白丸／十二橋／本銚子／東成田／上総大久保／行川アイランド／久我原／大川／海芝浦／塔ノ沢／市ノ瀬／井出／大池いこいの森／内ケ巻／足滝／土合／土樽／筒石／小滝／南神城／佐久広瀬／冠着／平原

第4章 東海の秘境駅

尾盛／閑蔵／奥大井湖上／ひらんだ／アプトいちしろ／川根小山／土本／神尾／美浜緑苑／飯沼／日当／定光寺／古虎渓／落合川／波田須／伊勢鎌倉／伊勢奥津／東青山／西青山／上林

第5章 北陸・近畿の秘境駅

黒薙／鐘釣／倶利伽羅／越前下山／下唯野／南今庄／ほうらい丘／もたて山／玉桂寺前／霞ヶ丘／大阿太／紀伊神谷／木津川／上古沢／紀伊細川／辛皮／貴船口／立木／保津峡／鎧／餘部／久谷／居組／武田尾 ……95

第6章 中国・四国の秘境駅

知和／新郷／布原／方谷／三菱自工前／道後山／備後落合／油木／恋山形／久代／宇田郷／飯井／清流みはらし／南桑／阿波大宮／田井ノ浜／辺川／串／下灘／黒川／坪尻／土佐北川／新改／家地川／打井川 ……111

第7章 九州の秘境駅

赤／西相知／千綿／東園／田原坂／赤瀬／石打ダム／瀬戸石／海路／大畑／那良口／矢岳／真幸／表木山／宗太郎／東都農／青井岳／餅原／竜ケ水／薩摩塩屋／西大山／福島高松／薩摩高城 ……127

全国秘境駅MAP ……143

第1章 北海道の秘境駅

物置駅舎モチーフのキャラ「ぬかにゃん」が人気

鉄鋼メーカーから寄贈された正真正銘の「ヨド物置」駅舎が板張りのホーム上に隣接。キャラクターは人気の「ぬかにゃん」で赤い屋根の白い物置そのままのイメージの猫がモチーフ。人間の姿バージョンもある。

DATA

- 所在地 ● 北海道天塩郡幌延町問寒別
- 開業年 ● 1987(昭和62)年
- ホーム形状 ● 1面1線
- 運行本数 ● 上り3本、下り3本

川が近い / 1日10本以下 / 板張りホーム

1章 北海道

宗谷本線
糠南
ぬかなん

宗谷本線 抜海（ばっかい）

港から遠い高台上で冬季は除雪員が常駐

漁港がある旧抜海村中心集落とは離れた海岸段丘上にあり、駅周辺の集落も失われている。無人駅だが冬季にはポイントやホームなどの除雪のため、係員が木造駅舎内に交代で泊まり込み、作業を行っている。

DATA　海が近い｜1日10本以下｜木造駅舎
- 所在地●北海道稚内市抜海村クトネベツ
- 開業年●1924(大正13)年
- ホーム形状●2面2線
- 運行本数●上り4本、下り3本

宗谷本線 下沼（しもぬま）

ダルマ駅舎の壁面に妖怪「ぬまひきょん」

国道40号から分け入った林の中にある。ダルマ駅舎（車掌車の再利用）の壁面には幌延町が公募で選んだ"駅にすみつく妖怪"というイメージキャラクター「ぬまひきょん」の表情やポーズが描かれている。

DATA　湖が近い｜1日10本以下｜貨車駅舎
- 所在地●北海道天塩郡幌延町下沼
- 開業年●1926(大正15)年
- ホーム形状●1面1線
- 運行本数●上り4本、下り3本

1章 北海道

宗谷本線
南幌延
みなみほろのべ

赤さびた三角屋根の
駅舎がワンポイント

ホームと踏切を挟んで建つ、物置のような三角屋根の駅舎(待合室)がワンポイント。近在の住民が丁寧な清掃や雪下ろしを行い、美しく保たれている。入り口に掲げられたキャラクターは牛の「ミナミほろりんさん」。

DATA

- 所在地●北海道天塩郡幌延町下沼
- 開業年●1959(昭和34)年
- ホーム形状●1面1線
- 運行本数●上り3本、下り3本

宗谷本線
雄信内
おのっぷない

ラッセルを撮影する
ファンでにぎわいも

無人の秘境駅では珍しい2面2線の交換可能駅で、古い木造駅舎も健在。冬場の除雪列車運行日には、ラッセル編成と定期列車との行き違いを撮影する多くのファンが集まり、ホームはわずかなにぎわいを見せる。

DATA

- 所在地●北海道天塩郡幌延町雄興
- 開業年●1925(大正14)年
- ホーム形状●2面2線
- 運行本数●上り3本、下り3本

宗谷本線
筬島
おさしま

木彫家・砂澤ビッキの
旧アトリエが駅前で公開

木材の集積地としてにぎわったが、周辺の家屋は失われた。駅前に小学校の旧校舎を活用したアイヌ民族出身の木彫家・砂澤ビッキ（1989年没）の旧アトリエが残り、記念館として公開されている。

DATA

所在地●北海道中川郡音威子府村物満内
開業年●1922（大正11）年
ホーム形状●1面1線
運行本数●上り3本、下り3本

宗谷本線
天塩川温泉
てしおがわおんせん

温泉へ徒歩10分だが
アクセスになりえず

三角形のとんがり屋根を戴いた瀟洒な駅舎が建つ。温泉施設へは徒歩10分ほどだが、列車本数の少なさもあってアクセス駅としては機能していない。1981年までは「南咲来仮乗降場」といった。

DATA

所在地●北海道中川郡
　　　　音威子府村咲来
開業年●1956（昭和31）年
ホーム形状●1面1線
運行本数●上り4本、下り4本

1章 北海道

宗谷本線 智北(ちほく)

道道切り替えで移設
点字ブロックも設置

駅名の由来は「智恵文の北」。1991年に接続する道道252号が新道に切り替えられた関係で移設したため、プレハブの待合室は比較的新しく、カーブしたホーム上には点字ブロックも設置されている。

DATA 川が近い／1日10本以下
- 所在地●北海道名寄市智恵文
- 開業年●1959(昭和34)年
- ホーム形状●1面1線
- 運行本数●上り4本、下り4本

宗谷本線 瑞穂(みずほ)

住民がそばに建てた
自転車置き場が倒壊

1973年に地元住民が建てたというトタン張りの駅舎には、最寄りの集落まで2kmほど離れているため、通勤・通学の便を図って自転車置き場も併設された。しかし2021年春までに倒壊してしまったようだ。

DATA 川が近い／1日10本以下／板張りホーム
- 所在地●北海道士別市多寄町
- 開業年●1956(昭和31)年
- ホーム形状●1面1線
- 運行本数●上り4本、下り4本

宗谷本線
塩狩
しおかり

小説『塩狩峠』の舞台
モデルの顕彰碑も

小説『塩狩峠』の舞台となり、作者・三浦綾子の旧宅が記念館として近くに復元されている。我が身を犠牲にして乗客を救い、主人公のモデルとなった鉄道員・長野政雄の顕彰碑も建立されている。

DATA
所在地●北海道上川郡和寒町塩狩
開業年●1924(大正13)年
ホーム形状●2面2線
運行本数●上り10本、下り9本

留萌本線
北秩父別
きたちっぷべつ

すぐ背後に高速道路
普通列車にも通過が

畑の中にぽつりと小さな待合室が建つばかりだったが、すぐ背後に並行して高速規格の深川留萌自動車道の築堤が造られたため、秘境感は薄れた。普通列車も一部通過し、上下計6本しか停まらない。

DATA
所在地●北海道雨竜郡
　　　　秩父別町6条
開業年●1956(昭和31)年
ホーム形状●1面1線
運行本数●上り4本、下り2本

釧網本線
原生花園
げんせいかえん

小清水原生花園に
隣接する夏季臨時駅

小清水原生花園の最寄りで、5～10月のみ営業の臨時駅。網走国定公園の域内にあたり、周辺に民家はなく観光客以外の乗降はない。1978年に仮乗降場としてはいったん廃止されたが、87年に復活した。

DATA 海が近い 湖が近い 木造駅舎

所在地●北海道斜里郡小清水町浜小清水
開業年●1987（昭和62）年
ホーム形状●1面1線
運行本数●上り6本、下り5本

石北本線
西女満別
にしめまんべつ

女満別空港に近く
DMV実証実験も

直線距離で800mほど東側に女満別空港のターミナルビルが位置するが、徒歩以外に交通手段はない。2005年に空港アクセス用としてDMV（軌道・道路両用バス）の実証試験が行われたが、実現しなかった。

DATA 街が近い 山の中

所在地●北海道網走郡
　　　大空町女満別本郷
開業年●1947（昭和22）年
ホーム形状●1面1線
運行本数●上り9本、下り9本

細岡
ほそおか
釧網本線

川が近い 湖が近い

DATA
- 所在地●北海道釧路郡釧路町トリトウシ
- 開業年●1927(昭和2)年
- ホーム形状●1面1線
- 運行本数●上り6本、下り5本

釧路湿原国立公園の
エリア内にある駅

釧路湿原国立公園の域内に位置し、西側に湿原、東側に達古武湖(たっこぶ)が広がっている。2023年(令和5年)3月のダイヤ改正により臨時駅となった。以降毎年4月25日から11月30日までの季節営業となる。

釧路湿原
くしろしつげん
釧網本線

夏季の臨時駅から
通年営業に格上げ

1988年に夏季の臨時駅として開業したが、釧路湿原がオールシーズンにわたって人気となり、96年から通年営業の一般駅に格上げされた。湿原随一の絶景ポイント「細岡展望台」は、釧路湿原駅が最寄り。

川が近い

DATA
- 所在地●北海道釧路郡釧路町トリトウシ
- 開業年●1988(昭和63)年
- ホーム形状●1面1線
- 運行本数●上り6本、下り5本

釧網本線
茅沼
かやぬま

SL列車も停車する
タンチョウの来る駅

"タンチョウの来る駅"として知られ、無人駅ながらしゃれたログハウス風の駅舎が建ち、「SL冬の湿原号」も停車する。温泉が湧くシラルトロ湖畔の「憩の家かやぬま」へは徒歩15分ほど。

 川が近い　 湖が近い

DATA
所在地●北海道川上郡標茶町コッタロ
開業年●1927(昭和2)年
ホーム形状●1面1線
運行本数●上り6本、下り6本

根室本線
昆布盛
こんぶもり

漁港や集落から離れた
防風林のなかにある駅

すぐ東側に太平洋が広がり、昆布盛漁港に沿って水産会社や民家が建ち並んでいるが、駅は集落から離れ、防風林に囲まれた緑の風景のなかにある。駅前は道道142号がそばをかすめる以外、何もない。

 海が近い　 1日10本以下

DATA
所在地●北海道根室市西和田
開業年●1961(昭和36)年
ホーム形状●1面1線
運行本数●上り5本、下り5本

石勝線
トマム
とまむ

 特急停車

DATA
- 所在地●北海道勇払郡占冠村中トマム
- 開業年●1981(昭和56)年
- ホーム形状●2面2線
- 運行本数●上り11本、下り11本

道内の駅で最も高い標高537mに位置

「星野リゾート トマム」の最寄りで特急も停車するが、駅周辺は山々に囲まれ、占冠村トマム集落までは4kmほど離れている。標高は北海道内の旅客駅では最も高い、537.17mとなっている。

日高本線
浜厚真
はまあつま

  貨車駅舎

太平洋へつながる荒蕪地のダルマ駅

壁面に波のイラストを描いたダルマ駅で、周辺は太平洋へつながる荒蕪地が広がる。新日本海フェリーが発着するターミナルの最寄りだが、徒歩で30分以上かかるため、アクセス客はまずいない。

DATA
- 所在地●北海道勇払郡厚真町浜厚真
- 開業年●1913(大正2)年
- ホーム形状●1面1線
- 運行本数●上り9本、下り8本

1章 | 北海道

函館本線
銀山
ぎんやま

最寄り集落から離れ
斜面の中腹に立地

 山の中

DATA
- 所在地●北海道余市郡仁木町銀山
- 開業年●1905(明治38)年
- ホーム形状●2面2線
- 運行本数●上り12本、下り13本

北海道鉄道（現・函館本線）が函館〜小樽間の直行を優先した線形から、駅は銀山集落から2kmほど離れた斜面の中腹に設置された。そのため地元客には不便な立地となり、現在も乗降客は1日数十人という。

函館本線
比羅夫
ひらふ

古代武人の名にちなむ
駅舎は民宿に活用

 山の中　木造駅舎

DATA
- 所在地●北海道虻田郡倶知安町比羅夫
- 開業年●1904(明治37)年
- ホーム形状●1面1線
- 運行本数●上り7本、下り7本

駅名・地名は飛鳥時代の武人で「蝦夷地征討」にあたったとされる、阿倍比羅夫にちなむ。駅舎は民宿「駅の宿ひらふ」として使われ、夏季は夕食にホームでバーベキューが楽しめるという。

室蘭本線
小幌
こぼろ

1章 | 北海道

鉄道以外で到着不能
秘境駅ファンの聖地

牛山隆信氏の「秘境駅ランキング」第1位を続ける"秘境駅ファンの聖地"。駅は南北をトンネル、東を内浦（噴火）湾、西を礼文華峠につながる絶壁に囲まれ、列車以外でたどり着くことはほぼ不可能とされる。

山の中　海が近い　1日10本以下

DATA
- 所在地 ● 北海道虻田郡豊浦町礼文華
- 開業年 ● 1943（昭和18）年
- ホーム形状 ● 2面2線
- 運行本数 ● 上り4本、下り2本

函館本線
渡島沼尻
おしまぬまじり

長い駅構内に建つ
開拓農家風の駅舎

DATA

所在地●北海道茅部郡
　　　　森町砂原東
開業年●1945（昭和20）年
ホーム形状●2面2線
運行本数●上り7本、下り5本

開拓農家のような木造切妻屋根の小さな駅舎は、正面にワンポイントのパイプ煙突を戴いている。軍事輸送目的で造られた駅舎らしく長い構内をもち、千鳥状に配されたホームの両端が構内踏切で結ばれる。

函館本線
赤井川
あかいがわ

大沼公園と駒ケ岳の
中間に位置する駅

DATA

所在地●北海道茅部郡
　　　　森町赤井川
開業年●1904（明治37）年
ホーム形状●2面2線
運行本数●上り6本、下り6本

小樽市に近い赤井川村ではなく、大沼国定公園エリアにあたる大沼公園駅と駒ケ岳駅の中間の森町内に立地。カルデラ湖・蓴菜沼の最寄りとなる。駅舎は小ぶりな民家風で、妻側の壁にパイプ煙突が延びている。

函館本線
仁山
にやま

珍しい「加速線」をもつ
スイッチバックの駅

DATA

所在地●北海道亀田郡
　　　　七飯町仁山
開業年●1987（昭和62）年
ホーム形状●2面2線
運行本数●上り13本、下り8本

勾配区間の途中に信号場として設けられた駅で、SLの発車時に勢いをつけるための引込線「加速線」をもつ、珍しい簡易型スイッチバック構造の駅だった。いまは使われないが、引込線は残されている。

第2章

東北の秘境駅

❷章 東北

五能線
轟木
とどろき

珍駅名標と日本海は人気の撮影スポット

難読駅が多い五能線のなかでもトップクラスの珍駅名。駅名標は人気の撮影スポットで、日本海の絶景を眼前にした木造駅舎は「青春18きっぷ」のポスターにも登場した。

海が近い 木造駅舎

DATA
- 所在地●青森県西津軽郡深浦町轟木
- 開業年●1934(昭和9)年
- ホーム形状●1面1線
- 運行本数●上り5本、下り6本

五能線

広戸
ひろと

防波壁ができる前は波しぶきがかかる駅

海
が近い

DATA
- 所在地●青森県西津軽郡深浦町広戸
- 開業年●1954（昭和29）年
- ホーム形状●1面1線
- 運行本数●上り5本、下り6本

東側に絶壁と国道101号、西側に日本海との間を隔てる防波壁が続く狭い平地に、切妻屋根の小さな駅舎が建つ。防波壁ができる前は"ホームに波しぶきがかかる駅"として知られていたという。

北海道新幹線

奥津軽いまべつ
おくつがるいまべつ

1日わずか26人乗車"新幹線の秘境駅"

山
の中　新幹線停車

DATA
- 所在地●青森県東津軽郡今別町大川平
- 開業年●2016（平成28）年
- ホーム形状●2面2線
- 運行本数●上り7本、下り7本

乗車人数が1日26人（2019年度）、発着列車は上下7本ずつにとどまる"北海道新幹線の秘境駅"。海峡線時代の津軽今別は廃止され、津軽線の津軽二股と連絡通路を使って乗り継げる。

大湊線

金谷沢
かなやさわ

陸奥湾沿いに延々と続く防風林が両側に

海
が近い

DATA
- 所在地●青森県むつ市奥内
- 開業年●1953（昭和28）年
- ホーム形状●1面1線
- 運行本数●上り6本、下り7本

陸奥湾沿いに延々と続く防風林に両側を挟まれ、周辺に人家もほとんどなく、並行する国道279号も見通せない。一部アスファルト敷きのホームに、箱形の小さな待合室が建つばかりだ。

2章 | 東北

青い森鉄道
千曳
ちびき

南部縦貫鉄道が
分岐していた旧駅

1968年の東北本線付け替えにより、集落から離れた位置に移設。旧駅時代は南部縦貫鉄道との接続駅だった。旧駅は南部縦貫鉄道の西千曳となったが、2002年の廃線で駅施設も失われた。

山の中

DATA
所在地●青森県上北郡東北町千曳
開業年●1910（明治43）年
ホーム形状●2面2線
運行本数●上り18本、下り19本

津軽鉄道
毘沙門
びしゃもん

列車を風雪から守る
職員が植えた鉄道林

仏教の「四天王」から採った由緒ありげな駅名だが、乗車人員は1日5人（2019年度）と津軽鉄道で最も少ない。1956年に職員が植えた防風・防雪林は「鉄道林」と呼ばれ、大切に保全されている。

山の中

DATA
所在地●青森県五所川原市毘沙門
開業年●1931（昭和6）年
ホーム形状●2面2線
運行本数●上り8本、下り8本

津軽湯の沢
奥羽本線
つがるゆのさわ

冬季は全列車が通過
青森・秋田県境の駅

 山 の中

DATA
- 所在地●青森県平川市
  碇ヶ関折橋
- 開業年●1949(昭和24)年
- ホーム形状●2面2線
- 運行本数●上り8本、下り8本

2018年以降12～3月にはすべての列車が通過するようになった青森・秋田県境の駅。1984年に復元された駅前の「津軽藩折橋御番所」(関所)記念館も、碇ヶ関駅近くの「道の駅いかりがせき」に移築された。

鯉川
奥羽本線
こいかわ

07年までの旧駅舎は
船舶輸送用コンテナ

旧駅舎は1982年に船舶輸送用のコンテナを活用して建てられた珍しいタイプだったが、2007年に改築された。近くの旧鯉川小学校にある地元出身のジャーナリスト「橋本五郎文庫」の案内板が掲示されている。

  湖 が近い

DATA
- 所在地●秋田県山本郡三種町
  鯉川大深根
- 開業年●1950(昭和25)年
- ホーム形状●2面2線
- 運行本数●上り13本、下り14本

大張野
奥羽本線
おおばりの

ホームと並行する線路を
E6系「こまち」が通過

 山 の中

DATA
- 所在地●秋田県秋田市
  河辺神内四国
- 開業年●1950(昭和25)年
- ホーム形状●1面1線
- 運行本数●上り18本、下り19本

民家が点在する最寄りの開拓地は駅より一段高い台地上に広がっているため、谷底にある駅舎からは見通せない。1面1線のホームと並行する標準軌の線路を、秋田新幹線E6系「こまち」が通過する。

奥羽本線
及位
のぞき

珍名の由来は修験道
高位に及ぶ修行から

山の中 / 川が近い

DATA
- 所在地●山形県最上郡真室川町及位
- 開業年●1904(明治37)年
- ホーム形状●2面2線
- 運行本数●上り8本、下り8本

国内きっての珍名・難読駅。修験道の修行で断崖に宙づりにされて中腹の穴をのぞき込めると、高い位に及んだという言い伝えが由来。最寄りの集落は南東へ1kmほど離れた国道13号沿いにある。

奥羽本線
大滝
おおたき

集中豪雨で民家50戸
流失により秘境駅化

山の中 / 川が近い

DATA
- 所在地●山形県最上郡真室川町大滝
- 開業年●1941(昭和16)年
- ホーム形状●1面1線
- 運行本数●上り8本、下り8本

駅の南西200mにあり、水流が玄武岩の柱状節理を落ちる不動滝が駅名の由来。1975年8月の集中豪雨で近くの鮭川を土石流が襲い、駅近くの民家約50戸が失われて秘境駅と化した。

奥羽本線
大沢
おおさわ

4連続スイッチバック
最も米沢寄りだった駅

山の中

DATA
- 所在地●山形県米沢市大沢
- 開業年●1906(明治39)年
- ホーム形状●2面2線
- 運行本数●上り6本、下り6本

赤岩(2021年廃止)、板谷、峠と続いた4連続スイッチバックで最も米沢寄りに位置する。利用僅少のため、2024年(令和6年)12月1日より通年で全列車が通過となる予定。

名物「峠の力餅」の立ち売りはなお健在

普通列車が長い停車を余儀なくされたスイッチバックは廃止されたが、本線上に移されたホームで名物「峠の力餅」の立ち売りはいまなお健在。30秒停車の間に手際のよいやり取りが続いている。

DATA
所在地 ● 山形県米沢市大沢
開業年 ● 1899(明治32)年
ホーム形状 ● 1面2線
運行本数 ● 上り6本、下り6本

岩野目（いわのめ）
秋田内陸縦貫鉄道

 山（の中） 川（が近い）

DATA
- 所在地●秋田県北秋田市阿仁幸屋渡岩ノ目沢道下
- 開業年●1963（昭和38）年
- ホーム形状●1面1線
- 運行本数●上り9本、下り7本

珍名駅と旧終着駅に挟まれた廃村の駅
珍名駅の笑内（おかしない）と国鉄阿仁合線時代の終着駅・比立内に挟まれた小駅で、北側にあった2つの集落が廃村となって秘境駅と化した。1日乗降人員はわずか1人（2016年度）、内陸線で最少のひとつという。

左通（さとおり）
秋田内陸縦貫鉄道

 山（の中） 川（が近い）

DATA
- 所在地●秋田県仙北市西木町上桧木内左通
- 開業年●1989（平成元）年
- ホーム形状●1面1線
- 運行本数●上り7本、下り6本

ニホンオオカミが生息した地名はアイヌ語由来
1989年、秋田内陸線比立内〜松葉間延伸開業と同時に開設された。明治初期までニホンオオカミが生息していたという地名・駅名は、アイヌ語の「サントゥンオリ」（山の先にある丘や坂）の転訛（てんか）とされる。

2章｜東北

奥阿仁（おくあに）
秋田内陸縦貫鉄道

山の中　川が近い

DATA
- 所在地●秋田県北秋田市阿仁戸鳥内小倉岱
- 開業年●1989（平成元）年
- ホーム形状●1面1線
- 運行本数●上り8本、下り5本

マタギの里の最奥にある山ろくの無人駅

"マタギ（猟師）の里"として知られた阿仁地域の最南端で、秀峰・森吉山（標高1454m）のふもとに位置する。元AKB48の演歌歌手・岩佐美咲さんのデビュー曲「無人駅」のPV撮影に使われた。

折渡（おりわたり）
羽越本線

山の中　1日10本以下

DATA
- 所在地●秋田県由利本荘市岩城上黒川泉田
- 開業年●1987（昭和62）年
- ホーム形状●2面2線
- 運行本数●上り3本、下り5本

普通列車も通過する信号場からの昇格駅

信号場から昇格した駅で、桂根・女鹿と同じく普通列車の多くが通過し、上り3本・下り5本のみが発着する。2面2線のホームも有効長が3両分と短く、4両編成だと1両のドアが開かない。

羽越本線 桂根(かつらね)

「鉄道飛砂防止林」の石碑が立つ浜辺の駅

DATA
- 所在地●秋田県秋田市下浜桂根浜添
- 開業年●1987(昭和62)年
- ホーム形状●1面1線
- 運行本数●上り4本、下り3本

海が近い／1日10本以下

信号場から昇格した2面2線の駅だったが、2016年に一方のホームが撤去、無人駅では危険性が高い構内踏切も廃止された。日本海沿いの構内には「秋田第一号鉄道飛砂防止林」記念の石碑が立っている。

羽越本線 女鹿(めが)

停車列車は上下6本 自動車では近付けず

秋田県の男鹿に対して女鹿は山形県最北端に位置する。停車する列車は上下計わずか6本のみ。国道7号バイパスと幅の狭い歩道でつながっているだけで、自動車での出入りは難しい。写真の駅舎は2016年の建て替え前のもの。

DATA
- 所在地●山形県飽海郡遊佐町吹浦女鹿
- 開業年●1987(昭和62)年
- ホーム形状●1面1線
- 運行本数●上り2本、下り4本

海が近い／1日10本以下

刺巻（さしまき）　田沢湖線

徒歩圏内の湿原に
6万株のミズバショウ

秋田新幹線が開業した1997年、ログハウス風の現駅舎が供用を始めた。徒歩15分ほどの刺巻湿原は広さ3ha、ミズバショウ6万株のほか、ザゼンソウやハンノキも繁茂している。

DATA
- 所在地●秋田県仙北市田沢湖刺巻大道
- 開業年●1923（大正12）年
- ホーム形状●2面2線
- 運行本数●上り7本、下り6本

有家（うげ）　八戸線

アイヌ語由来の音と
公卿の名にちなむ字面

大きなカーブを描いた線路に沿って太平洋が広がる、岩手県内では珍しい穏やかな海の風景が楽しめる。地名・駅名の音はアイヌ語由来、字面はこの地に流されたと伝わる公卿（くぎょう）で歌人の藤原有家（ふじわらのありいえ）にちなむ。

DATA
- 所在地●岩手県九戸郡洋野町有家
- 開業年●1961（昭和36）年
- ホーム形状●1面1線
- 運行本数●上り8本、下り8本

三陸鉄道
一の渡
いちのわたり

野鳥の鳴き声が響く「うぐいすの小径」駅

愛称は「うぐいすの小径(こみち)」で、周辺を囲む山々からウグイスやカッコウの鳴き声が響いてくることにちなむ。築堤上の島式ホームへは階段で昇降し、中央にコンクリート製の待合室が建つ。

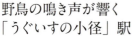

DATA
所在地●岩手県宮古市崎山
開業年●1972(昭和47)年
ホーム形状●1面2線
運行本数●上り12本、下り12本

三陸鉄道
白井海岸
しらいかいがん

 DATA

家を建てようもない トンネル間の橋上駅

所在地●岩手県下閉伊郡
　　　　普代村野胡桃
開業年●1984(昭和59)年
ホーム形状●1面1線
運行本数●上り12本、下り12本

トンネルに挟まれた谷に架かる橋の上にホームがあり、家屋の建ち並びようがない立地にある。愛称は特産にちなむ「ウニの香り」。北側のトンネルは2013年のNHK連続テレビ小説「あまちゃん」のロケ地になった。

046

本荘平野の田園にぽつりたたずむ新駅

子吉川が造った本荘平野の田園地帯にぽつんとたたずむ、待合室と1面1線のホームのみの駅。鳥海山ろく線(旧・矢島線)第三セクター化から4年後、吉沢とともに地元住民の便を図って新設された。

DATA
- 所在地●秋田県由利本荘市前郷
- 開業年●1989(平成元)年
- ホーム形状●1面1線
- 運行本数●上り13本、下り13本

田園を貫く一直線の築堤に設けられた駅

田んぼを貫く一直線の築堤上に設けられた1面1線のホームと待合室のみの駅。東側に東北自動車道安代ICがあるが、駅へ通じる幹線道路はなく、最寄りの集落へも徒歩15分ほどかかる。

DATA
- 所在地●岩手県八幡平市打田内
- 開業年●1966(昭和41)年
- ホーム形状●1面1線
- 運行本数●上り6本、下り6本

安比高原（あっぴこうげん）｜花輪線

かつてはSL三重連の名所だった高原の駅

大規模スキーリゾートの最寄りで"高原"らしい雰囲気を漂わせるが、駅前に土産物店はもとより民家なども一切ない。1988年までは龍ケ森（りゅうがもり）といい、8620形SL三重連の撮影名所だった。

DATA
- 所在地●岩手県八幡平市安比高原
- 開業年●1961(昭和36)年
- ホーム形状●1面1線
- 運行本数●上り8本、下り7本

松草（まつくさ）｜山田線

閉伊川の渓谷沿いの築堤上に置かれた駅

北上高地を刻んだ閉伊川の渓谷沿いにあり、前後の線路はわずかな平地を国道106号の新・旧道と絡み合うように続く。駅は築堤上にあり、木々をかき分けるように延びる急な階段で行き来する。

DATA
- 所在地●岩手県宮古市区界第4地割
- 開業年●1930(昭和5)年
- ホーム形状●1面1線
- 運行本数●上り3本、下り2本

上有住 (かみありす) ｜釜石線

仙人峠越え唯一の駅
徒歩3分に巨大鍾乳洞

長く鉄道建設を阻んできた「仙人峠越え」唯一の中間駅で、前後をトンネルに挟まれている。徒歩3分のところに長さ3635m・高低差115mの巨大鍾乳洞「滝観洞（ろうかんどう）」があり、列車での訪問客も多い。

DATA 山の中
- 所在地●岩手県気仙郡住田町上有住
- 開業年●1930（昭和25）年
- ホーム形状●1面1線
- 運行本数●上り8本、下り8本

堺田 (さかいだ) ｜陸羽東線

芭蕉の名句の舞台と
なった分水嶺上の駅

駅は太平洋と日本海の分水嶺に位置し、近くの一つの水路が双方向に分流している。松尾芭蕉の名句「蚤虱馬の尿する枕もと（のみしらみうまのばり）」のモチーフとなった「封人の家（旧有路家住宅）」へは徒歩5分ほど。

DATA 山の中
- 所在地●山形県最上郡最上町堺田
- 開業年●1917（大正6）年
- ホーム形状●1面1線
- 運行本数●上り7本、下り7本

山形鉄道
白兎
しろうさぎ

街が近い 田園

DATA
- 所在地●山形県長井市白兎
- 開業年●1989（平成元）年
- ホーム形状●1面1線
- 運行本数●上り12本、下り12本

地区名由来の珍名駅
駅舎にウサギの置物

昔話の因幡（鳥取県）でなく、山形県の珍名駅。地区名が由来で、広がる田園のただ中にある。駅舎内にはウサギの置物があり、壁には耳をかたどったイラストも。沿線の宮内にはかつてウサギ駅長「もっちぃ」がいた。

磐越東線
江田
えだ

山の中 川が沿い

DATA
- 所在地●福島県いわき市
  小川町上小川江田
- 開業年●1987（昭和62）年
- ホーム形状●1面1線
- 運行本数●上り6本、下り6本

渓谷への観光客で
紅葉期ににぎわい

1948年の仮乗降場から信号場を経て駅に昇格。夏井川支流の渓谷沿いの山間部で、周辺に民家はほとんどない。随一の景勝地・背戸峨廊などを訪れる観光客で、とくに紅葉シーズンはにぎわう。

2章 ｜ 東北

面白山高原（おもしろやまこうげん）
仙台線

鉄道でしか行けない スキー場があった駅
山の中

駅名は仙山トンネル（長さ5316m）が貫く面白山（標高1264m）にちなむ。2009年度から休止が続く最寄りのスノーパーク面白山は、冬季間連絡道路が閉鎖されるため、"鉄道でしか行けないスキー場"だった。

DATA
- 所在地●山形県山形市山寺
- 開業年●1987（昭和62）年
- ホーム形状●1面1線
- 運行本数●上り12本、下り12本

奥新川（おくにっかわ）
仙台線

キャンプ場の閉鎖で 利用客がほぼゼロに
山の中

かつては木材や銅鉱石の搬出、最寄りのキャンプ場へのハイカーでにぎわった。しかし、林業の衰退と鉱山の閉山、さらに2017年のキャンプ場閉鎖で利用客がほとんどゼロになってしまった。

DATA
- 所在地●宮城県仙台市青葉区新川岳山
- 開業年●1937（昭和12）年
- ホーム形状●2面2線
- 運行本数●上り12本、下り12本

東北本線 東白石 (ひがししろいし)

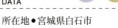

集落が川の対岸で
橋も遠く利用が不便

白石川の東岸に位置するが、住宅街は西岸の白石市白鳥地区に広がり橋が離れていることもあって利用者は少ない。信号場からの昇格駅で、開業から1998年までは普通列車も一部しか停まらなかった。

DATA
所在地●宮城県白石市白川内親阿久土
開業年●1961 (昭和36) 年
ホーム形状●2面2線
運行本数●上り36本、下り36本

阿武隈急行 あぶくま

DATA
所在地●宮城県伊具郡丸森町滝ノ上
開業年●1988 (昭和63) 年
ホーム形状●1面1線
運行本数●上り18本、下り17本

東北の駅百選に選定
渓谷をのぞむ観光駅

阿武隈川のほとりに位置し、川下りの船着場と「天狗の宮 産業伝承館」以外、民家などの建物は存在しない。「眼下に風光明媚な渓谷をのぞむ観光駅」として「東北の駅百選」に選ばれている。

会津鉄道
塔のへつり
とうのへつり

国天然記念物指定の奇岩が連なる景勝地

へつりは漢字で「岪」と表記され、地元の方言で険しい断崖を意味する。駅から徒歩10分ほどの「塔の岪」は阿賀川（大川）沿いに200mにわたり奇岩が連なり、国の天然記念物に指定されている。

DATA
- 所在地●福島県南会津郡下郷町弥五島
- 開業年●1988（昭和63）年
- ホーム形状●1面1線
- 運行本数●上り11本、下り11本

 山の中　 川が近い

会津鉄道
七ヶ岳登山口
ななつがたけとざんぐち

ブナ原生林が広がる人気ルートの入り口

三セク転換時に糸沢から改称、ログハウス風の駅舎が建つ。七ヶ岳（標高1635m）は断崖が続き中腹までブナの原生林が広がる人気の縦走ルートで、南斜面の会津高原たかつえスキー場へとつながっている。

DATA
- 所在地●福島県南会津郡南会津町糸沢
- 開業年●1953（昭和28）年
- ホーム形状●1面1線
- 運行本数●上り7本、下り7本

 山の中　 木造駅舎

会津鉄道
大川ダム公園
おおかわだむこうえん

②章 東北

美しい桜並木が続く ダム湖最寄りの駅

国鉄会津線時代の舟子信号場が大川ダム湖（若郷湖）の水域にかかり（水没はせず）、新線に移設。駅に昇格後の1987年に改称された。ホームに沿った土手上には、美しい桜並木が続いている。

DATA
- 所在地●福島県会津若松市大戸町大川
- 開業年●1987（昭和62）年
- ホーム形状●1面1線
- 運行本数●上り10本、下り9本

山の中 / 湖が近い

只見線

早戸
はやと

近くに人気撮影地 第三只見川橋梁も

目の前に上田ダムによって川幅を広げた只見川の水面が迫る。会津宮下との間には人気撮影ポイントのひとつ、上路式3径間連続ワーレントラスの第三只見川橋梁（長さ180m）が架かる。

山の中 / 川が近い

DATA
所在地●福島県大沼郡
　　　　三島町早戸小沢巻
開業年●1956（昭和31）年
ホーム形状●1面1線
運行本数●上り6本、下り6本

ダム建設でにぎわい
駅舎はカプセル型に

すぐそばに見下ろせる只見川に東北電力が柳津ダム・発電所を建設した1952年前後は工事関係者でにぎわった。高台に建っていた木造駅舎は解体され、カプセル型の簡易駅舎に姿を変えた。

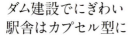

DATA
所在地●福島県河沼郡
　　　　柳津町郷戸百苅
開業年●1941(昭16)年
ホーム形状●1面1線
運行本数●上り6本、下り6本

DATA
所在地●福島県大沼郡
　　　　金山町水沼
開業年●1956(昭和31)年
ホーム形状●1面1線
運行本数●上り6本、下り6本

流失から復元・再建
愛らしい木造駅舎

こぢんまりと愛らしかった片流れトタン葺き屋根の木造駅舎は2011年の集中豪雨で流失したが、ほぼ同じ形で再建された。最寄りの金山町水沼集落は対岸にあたり、駅は人気のない林の中にたたずんでいる。

第3章

関東・甲信越の秘境駅

都心まで特急1本で帰れる意外な利便性

野岩鉄道が公式HPで「駅付近には、広場（緊急用ヘリポート）以外特に何もありません」と記すほど。

山の中 ／ 川が近い ／ 特急停車

DATA
所在地●栃木県日光市横川
開業年●1986(昭和61)年
ホーム形状●1面1線
運行本数●下り5本、上り5本

野岩鉄道
男鹿高原
おじかこうげん

東北本線
豊原
（とよはら）

山の中 / 川が近い

100年ぶりに改築された
栃木・福島県境の駅舎

東北本線が勾配緩和目的で1920年に新ルートに切り替えられたため、集落から離れた位置に移転した。栃木・福島県境近くでそれ以来使われてきた駅舎は2019年、およそ100年ぶりに建て替えられた。

DATA
- 所在地●栃木県那須郡那須町豊原甲
- 開業年●1887(明治20)年
- ホーム形状●1面2線
- 運行本数●上り14本、下り14本

烏山線
小塙
（こばな）

川が近い / 田園

ヒマワリが咲き誇る
恵比寿神を戴く駅

まわりを一面の田んぼに囲まれ、夏場にはヒマワリが咲き誇る。烏山線各駅にイメージされた七福神では、釣竿を背負い鯛(タイ)を抱えた「恵比寿神(えびすしん)」を戴いている。近くの荒川に釣り人が多く訪れるからだという。

DATA
- 所在地●栃木県那須烏山市小塙
- 開業年●1934(昭和9)年
- ホーム形状●1面1線
- 運行本数●上り13本、下り14本

3章 関東・甲信越

上信電鉄
千平
せんだいら

山の中 | 川が近い

養蚕農家に嫌われて急勾配区間に立地

終点・下仁田駅直下の山間部の急勾配区間に設けられた駅。鉄道には不吉な名をもつ鏑川の不通渓谷に沿う。立地条件の悪さは、開業以前に沿線の養蚕農家が「汽車」の煤煙を嫌ったためだと伝えられる。

DATA
- 所在地●群馬県富岡市南蛇井乙
- 開業年●1911(明治44)年
- ホーム形状●1面1線
- 運行本数●上り29本、下り29本

わたらせ渓谷鉄道
中野
なかの

ホーム直下に小さな橋が架かる"橋上駅"

東京都内の拠点駅と同名だが、遠くに集落を望むばかりで隣接する自転車置き場も閑散としている。ホームの中ほど直下に精緻な石積みの橋台を備えた小さな橋梁が架かる、"橋上の駅"でもある。

山の中 | 川が近い

DATA
- 所在地●群馬県みどり市東町花輪
- 開業年●1989(平成元)年
- ホーム形状●1面1線
- 運行本数●上り11本、下り11本

| 吾妻線 |
祖母島
うばしま

日本武尊が娶った
女性にゆかりの駅名

川が近い　田園

DATA
- 所在地●群馬県渋川市祖母島
- 開業年●1959 (昭和34) 年
- ホーム形状●1面1線
- 運行本数●上り14本、下り14本

吾妻川が造った河岸段丘上の田園地帯に位置する。『古事記』に登場する日本武尊がいまの沼田市で娶った上嬬媛の墓が祖母塚、暮らしたこのあたりが島の郷と呼ばれたことから付いた地名・駅名という。

| 吾妻線 |
袋倉
ふくろぐら

吊り橋を渡った先に
混浴露天の一軒宿

山の中　川が近い

DATA
- 所在地●群馬県吾妻郡嬬恋村袋倉
- 開業年●1971 (昭和46) 年
- ホーム形状●1面1線
- 運行本数●上り10本、下り11本

国道144号から南に外れた集落内にあり、そばに数軒の民家が建っているが、駅舎はない。吾妻川に架かる吊り橋を渡り徒歩10分ほどのところに、混浴露天風呂をもつ掛け流し一軒宿の半出来温泉がある。

| 西武秩父線 |
西吾野
にしあがの

「Laview」も臨時停車
ハイキングの起点駅

山の中　特急停車

DATA
- 所在地●埼玉県飯能市吾野下ノ平
- 開業年●1969 (昭和44) 年
- ホーム形状●1面2線
- 運行本数●上り35本、下り35本

西武秩父線内で"最初"の駅。高山不動尊や関八州見晴台など人気ハイキングコースの起点。駅前に観光関連施設はないものの、紅葉シーズンなどには特急「Laview (ラビュー)」が臨時停車する。

3章 関東・甲信越

中根(なかね)
ひたちなか海浜鉄道

 街(が近い)　 田園

DATA
- 所在地 ● 茨城県ひたちなか市三反田
- 開業年 ● 1931(昭和6)年
- ホーム形状 ● 1面1線
- 運行本数 ● 上り33本、下り33本

飲食店や列車も多い"初心者向き"の秘境駅

田園風景のただ中にあり、東水戸道路の跨線橋以外の構造物はほぼ見当たらない。ただし、駅前の坂道を登ったすぐ先は市街地で飲食店などもあり、列車本数も多いため"初心者向き"の秘境駅といえる。

白丸(しろまる)
青梅線

 山(の中)　 川(が近い)

DATA
- 所在地 ● 東京都西多摩郡奥多摩町白丸
- 開業年 ● 1944(昭和19)年
- ホーム形状 ● 1面1線
- 運行本数 ● 上り35本、下り35本

巨大なちょうちんかぼんぼり風の膜屋根

東京都交通局が管理・運営する白丸ダムと白丸・多摩川第三発電所の最寄り駅。待合室の屋根が膜構造で造られ、夜間は白熱灯風の照明がともり、巨大なちょうちんにも、ぼんぼりのようにも見える。

鹿島線

十二橋
じゅうにきょう

長い中洲のなかにある
多くの橋が駅名の由来

川
が近い

DATA
- 所在地●千葉県香取市津宮
- 開業年●1970(昭和45)年
- ホーム形状●1面1線
- 運行本数●上り16本、下り16本

水郷地帯のただ中、北を常陸利根川、南を与田浦につながる水路と利根川本流に挟まれた東西に長い中洲状の地形「加藤洲」のなかにある。江戸時代に造られた多くの橋の総称が地名・駅名の由来とされている。

銚子電鉄

本銚子
もとちょうし

テレビ番組の企画で
修繕された"ボロ駅"

街 川
が近い が近い

DATA
- 所在地●千葉県銚子市愛宕町
- 開業年●1913(大正2)年
- ホーム形状●1面1線
- 運行本数●上り19本、下り19本

銚子市の市街地に位置するが、駅舎とホームが切り通しの底にあり、両側が林に囲まれているため民家などは見えない。2017年に「オンボロ駅を直そう」というテレビ番組の企画で、駅舎の修繕がなされた。

京成電鉄

東成田
ひがしなりた

京成旧「成田空港駅」
芝山鉄道の起点駅に

 特急
停車

DATA
- 所在地●千葉県成田市
　　　　　古込込前
- 開業年●1978(昭和53)年
- ホーム形状●2面2線
- 運行本数●上り32本、下り32本

開業時は「成田空港駅」を称したが、1991年の成田空港高速鉄道新駅の開業によって空港利用客の乗降はほぼゼロになり、京成東成田線の終点として改称。2002年開業の芝山鉄道の起点、実質は中間駅となった。

3章 関東・甲信越

小湊鐵道 上総大久保（かずさおおくぼ）

山(の中) **川**(が近い)

地元小学生が描いた『となりのトトロ』の駅

並行する養老川が激しい蛇行を繰り返すため、直線状に敷かれた線路上の駅は集落と離れた位置に設けられた。待合所には地元の小学生によるアニメ映画『となりのトトロ』のキャラクターが描かれている。

DATA
- 所在地●千葉県市原市大久保
- 開業年●1928(昭和3)年
- ホーム形状●1面1線
- 運行本数●上り11本、下り11本

外房線 行川アイランド（なめがわあいらんど）

海(が近い)

レジャー施設閉園で観光利用客が激減

フラミンゴショーなどで人気だった、隣接したレジャー施設「行川アイランド」が2001年に閉鎖されるまでは特急「わかしお」の一部も停車した。閉園に伴って観光利用客が激減し、秘境駅化を余儀なくされた。

DATA
- 所在地●千葉県勝浦市浜行川沢山
- 開業年●1970(昭和45)年
- ホーム形状●1面1線
- 運行本数●上り18本、下り19本

いすみ鉄道
久我原
くがはら

❸章 | 関東・甲信越

学生の利用がない
大学名を冠した駅

徒歩15分にある三育学院大学のネーミングライツで、駅名表記に大学名を冠する。ただし駅周辺が寂しく大多喜駅からスクールバスが運行されているため、利用する学生は「まずいない」という。

山の中

DATA
- 所在地●千葉県夷隅郡大多喜町久我原
- 開業年●1960(昭和35)年
- ホーム形状●1面1線
- 運行本数●上り12本、下り12本

鶴見線
大川
おおかわ

DATA

所在地●神奈川県川崎市
　　　　川崎区大川町
開業年●1926（大正15）年
ホーム形状●1面1線
運行本数●上り9本、下り9本

駅名は「製紙王」の名字
列車は朝夕のみ運行

周辺に工場しかない行き止まり支線の駅で、列車は朝夕の通勤時間帯にしか運行されていない。駅名は「製紙王」と称された富士製紙（現・王子製紙の前身のひとつ）社長の大川平三郎にちなむ。

鶴見線
海芝浦
うみしばうら

DATA

所在地●神奈川県横浜市
　　　　鶴見区末広町
開業年●1940（昭和15）年
ホーム形状●1面1線
運行本数●上り24本、下り24本

企業の"専用駅"から
デートスポットに

隣接する東芝エネルギーシステムズ京浜事業所の関係者以外、乗降できなかった。1995年に「海芝公園」が開園し、改札口は通れないものの、鶴見つばさ橋の眺望をデートスポットとしての利用も可能になった。

3章｜関東・甲信越

箱根登山鉄道 塔ノ沢(とうのさわ)

DATA
- 所在地●神奈川県足柄下郡箱根町塔之澤
- 開業年●1920（大正9）年
- ホーム形状●2面2線
- 運行本数●上り54本、下り54本

トンネル坑口上部を跨線橋代わりに利用

観光客でにぎわう箱根登山鉄道唯一の無人駅。塔之沢温泉の最寄りだが、乗車人員は十人台。ホームを挟むトンネルの片方の坑口上部を階段でつなぎ、跨線橋代わりの連絡通路として利用している。

身延線 市ノ瀬(いちのせ)

DATA
- 所在地●山梨県南巨摩郡身延町市之瀬
- 開業年●1932（昭和7）年
- ホーム形状●1面1線
- 運行本数●上り15本、下り15本

"信仰の街"らしく仏像が並ぶ石材店も

身延町市之瀬集落の北西側の外れに位置しているため、数軒の民家が建つばかりだが、駅のそばには"信仰の街"である身延らしく仏像などが並ぶ石材店がある。近くには身延町民スポーツ広場が位置する。

身延線
井出
（いで）

以前は利用者が多い
地区との複合駅名

駅最寄りの南部町井出地区は戸数が少なく、富士川の対岸にある旧富沢町（現・南部町）の中心だった福士地区からの利用者が多い。そのため、1938年までは、複合駅名の「井出福士」を名乗っていた。

街が近い　川が近い

DATA
- 所在地●山梨県南巨摩郡南部町井出
- 開業年●1929（昭和4）年
- ホーム形状●1面1線
- 運行本数●上り14本、下り14本

北越急行
美佐島
（みさしま）

トンネル

トンネル通過風圧が
待合室のガラスを粉砕

ホームが赤倉トンネル（1万472m）内にある「モグラ駅」で、頑丈な防風扉で地上への通路と仕切られている。扉を開いたままで高速列車を通過させる実験を行ったところ、待合室のドアのガラスが粉々に吹き飛んだという。

DATA
- 所在地●新潟県十日町市午
- 開業年●1997（平成9）年
- ホーム形状●1面1線
- 運行本数●上り17本、下り17本

3章 関東・甲信越

[北越急行]
大池いこいの森
おおいけいこいのもり

景勝地として有名な
ため池のアクセス駅

DATA
- 所在地●新潟県上越市
  頸城区大蒲生田
- 開業年●1997(平成9)年
- ホーム形状●1面1線
- 運行本数●上り17本、下り17本

頸城平野の田んぼ1600haに用水を供給する古くからのため池で、景勝地としても知られる大池・小池へのアクセス駅。ほくほく線が直線ルートを採ったため、集落からは離れた立地となった。

[飯山線]
内ヶ巻
うちがまき

直江兼続が崇拝した
愛染明王の絵を掲示

DATA
- 所在地●新潟県小千谷市川井
- 開業年●1927(昭和2)年
- ホーム形状●1面1線
- 運行本数●上り10本、下り10本

小千谷・長岡市境の斜面に位置しているため、駅前に民家はない。駅舎に掲げられた絵は、近くの妙高寺の本尊で上杉氏の武将・直江兼続も崇拝した国の重要文化財(旧国宝)の愛染明王坐像を描いたものという。

[飯山線]
足滝
あしだき

請願により復活した
発電所工事用臨時駅

DATA
- 所在地●新潟県中魚沼郡
  津南町上郷寺石
- 開業年●1960(昭和35)年
- ホーム形状●1面1線
- 運行本数●上り8本、下り8本

河岸段丘の中段にあり、下段の集落は望めない。1937年に鉄道省(現・JR東日本)信濃川発電所工事のための臨時停車場として設置。44年の飯山鉄道国有化時に廃止されたが、60年に地元の請願により復活した。

上越線
土合
どあい

3章 関東・甲信越

ホームから駅舎へ486段
「モグラ駅」の代表格

下りホームが地下約81mの新清水トンネル内にある「モグラ駅」の代表格。ホームから10分ほどかけて計486段の階段を上った先の駅前広場には、朽ち果てた廃屋以外、何も見当たらない。

山の中 | 1日10本以下 | トンネル

DATA
- 所在地 ●群馬県利根郡みなかみ町湯檜曽
- 開業年 ●1936(昭和61)年
- ホーム形状 ●2面2線
- 運行本数 ●上り5本、下り5本

上越線
土樽（つちたる）

川端康成の『雪国』で「汽車が止まった」場所

清水トンネル(9702 m)の新潟県側坑口の外に設けられた信号場が前身で、近隣住民の利便性は考慮されていなかった。川端康成の小説『雪国』で「信号所に汽車が止まった」場所が、いまの土樽駅にあたる。

DATA
所在地●新潟県南魚沼郡湯沢町土樽
開業年●1941(昭和16)年
ホーム形状●2面2線
運行本数●上り5本、下り5本

えちごトキめき鉄道
筒石（つついし）

トンネル内ホームと300段近い階段で結ぶ

ホームは頸城トンネル(1万1353 m)内にあり、旧斜坑を改装した下り線290段、上り線280段の階段で地上の駅舎と結ばれている。駅舎は山の中腹の渓谷沿いにあり、海辺の糸魚川市筒石集落とは800 mほど離れている。

DATA
所在地●新潟県糸魚川市仙納
開業年●1912(大正元)年
ホーム形状●2面2線
運行本数●上り19本、下り19本

3章 関東・甲信越

大糸線 小滝（こたき）

山の中／川が近い

DATA
- 所在地●新潟県糸魚川市小滝
- 開業年●1935(昭和10)年
- ホーム形状●1面1線
- 運行本数●上り9本、下り9本

"暴れ川" 姫川が氾濫 2年4カ月も不通に

"暴れ川"と称される姫川べりに位置し、民家は水害を避けるため段丘上に離れている。1995年の「7.11水害」で姫川が氾濫を起こし、小滝～南小谷間は97年11月まで2年4カ月にわたり不通となった。

大糸線 南神城（みなみかみしろ）

山の中

DATA
- 所在地●長野県北安曇郡白馬村神城
- 開業年●1942(昭和17)年
- ホーム形状●1面1線
- 運行本数●上り10本、下り10本

北アルプスへ続く JR東日本最西端の駅

線路が集落や国道148号よりも北アルプス・鹿島槍ヶ岳（かしまやり）(2889 m) などに近い丘陵地の東端に敷かれた関係で、駅も林のなかにある。ホーム上の待合室の壁には、「JR東日本最西端の駅」の看板が掲げられている。

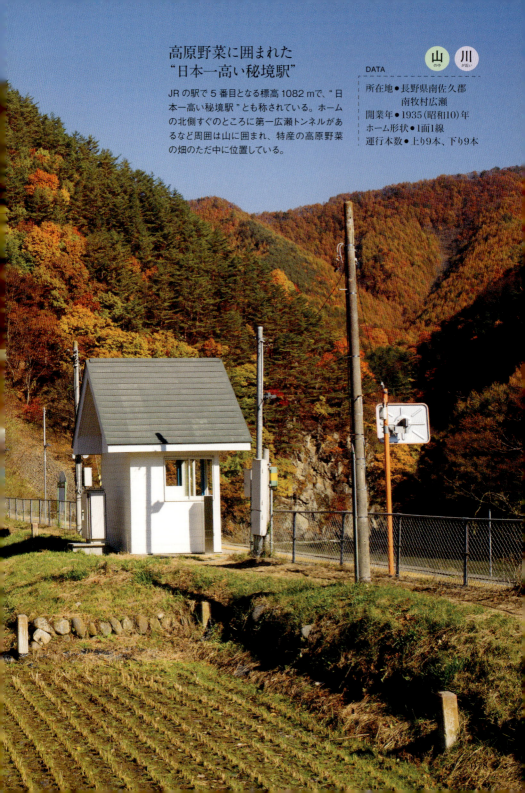

高原野菜に囲まれた "日本一高い秘境駅"

JRの駅で5番目となる標高1082mで、"日本一高い秘境駅"とも称されている。ホームの北側すぐのところに第一広瀬トンネルがあるなど周囲は山に囲まれ、特産の高原野菜の畑のただ中に位置している。

DATA

山がゆ　川が近い

所在地●長野県南佐久郡南牧村広瀬
開業年●1935(昭和10)年
ホーム形状●1面1線
運行本数●上り9本、下り9本

3章 | 関東・甲信越

小海線
佐久広瀬
さくひろせ

篠ノ井線
冠着
かむりき

難所「冠着越え」の信号場から駅に昇格

冠着トンネル（2656m）前後に25‰(パーミル)勾配が続く難所「冠着越え」の途中に設けられた信号場だった。1945年に坂井村（現・筑北村）唯一の駅として昇格したものの、中心街からは2km以上離れた森林地帯にある。

DATA
- 所在地●長野県東筑摩郡筑北村坂井
- 開業年●1945（昭和20）年
- ホーム形状●2面2線
- 運行本数●上り17本、下り16本

山の中 ／ 木造駅舎

しなの鉄道
平原
ひらはら

街が近い ／ 貨車駅舎

ダルマ駅舎の前に飾られた古い駅名標

本州、とくに旧信越「本線」では珍しいダルマ駅。駅舎（車体）に「ひらはら」の文字が書かれているほか、鳥居のような支柱に屋根を載せて、旧駅舎時代の「平原駅」の古い一枚板の駅名標が飾られている。

DATA
- 所在地●長野県小諸市平原
- 開業年●1952（昭和27）年
- ホーム形状●2面2線
- 運行本数●上り28本、下り28本

第4章

東海の秘境駅

大井川鐵道
尾盛
おもり

**ダム工事の終了で
宿舎や小学校も撤去**

1952年に建設が始まった、上流の井川ダム工事関係者の宿舎用地に設置された。診療所や小学校まであったというが、工事終了とともに閉鎖・撤去され、ホームの保線小屋以外にぎわいをしのばせるものは残されていない。

山の中 / 川が近い / 1日10本以下

DATA
所在地 ● 静岡県榛原郡川根本町犬間
開業年 ● 1959(昭和34)年
ホーム形状 ● 1面1線
運行本数 ● 上り2本、下り2本

大井川鐵道 閑蔵（かんぞう）

バスツアー利用客の乗換地点として機能

実質的には列車交換用の信号場で、隣駅との距離優先で林のなかに設けられ、民家も道路も隣接しない。ただし木立を抜けた先に県道と駐車スペースがあるため、千頭〜閑蔵間のみ井川線乗車のバスツアー客が多く乗降する。

DATA

所在地 ● 静岡県静岡市葵区井川
開業年 ● 1959（昭和34）年
ホーム形状 ● 2面2線
運行本数 ● 上り2本、下り2本

大井川鐵道 奥大井湖上（おくおおいこじょう）

「奥大井恋錠」の愛称で観光客のみが利用

長島ダム湖の接岨湖に張り出した幅50mほどの痩せ尾根の先端に位置し、ホームが橋上に延びる奥大井レインボーブリッジや"愛の鍵箱""幸せを呼ぶ鐘"などを訪れる観光客以外の利用はない。「奥大井恋錠駅」の愛称が付く。

DATA

所在地 ● 静岡県榛原郡川根本町梅地
開業年 ● 1990（平成2）年
ホーム形状 ● 1面1線
運行本数 ● 上り5本、下り5本

4章 東海

大井川鐵道 ひらんだ

水没エリアから外れた旧線跡に残る鉄道遺構

最寄りの集落名は「平田」の漢字表記だが、難読のためひらがな駅名とされた。接岨湖に沈んだ川根唐沢の代替駅で、周辺の旧線跡には水没エリアから外れた旧20番トンネルや旧坂水橋梁など、鉄道関連遺構がいくつも残る。

DATA｜山の中｜湖が近い｜1日10本以下
所在地●静岡県榛原郡川根本町犬間
開業年●1990（平成2）年
ホーム形状●1面1線
運行本数●上り5本、下り5本

大井川鐵道 アプトいちしろ

アプト式新線開業で川根市代から改称

1990年のアプト式新線切り替え時に、川根市代から改称。旧線跡は長島ダムへと続く遊歩道「ミステリートンネル」に転用された。対岸の大井川ダム・発電所との間に架かる吊り橋は、井川線が工事専用軌道時代の鉄道橋だった。

DATA｜山の中｜川が近い｜1日10本以下
所在地●静岡県榛原郡川根本町梅地
開業年●1990（平成2）年
ホーム形状●1面1線
運行本数●上り5本、下り5本

大井川鐵道
川根小山
かわねこやま

大蛇行地点にある大井川水電発祥の地

DATA

- 所在地●静岡県榛原郡川根本町奥泉
- 開業年●1959（昭和34）年
- ホーム形状：2面2線
- 運行本数●上り5本、下り5本

「牛の頸（くび）」と呼ばれるΩ（オメガ）字形の大井川大蛇行地点に位置する。1910年、近くに流域で初めての水力発電所が設けられたことから、ホームに「大井川水系電力発祥の地 日英水電（株）小山発電所跡」の看板が立つ。

大井川鐵道
土本（どもと）

車道の開通は昭和末期 鉄道のみが交通手段

DATA

- 所在地●静岡県榛原郡川根本町奥泉
- 開業年●1959（昭和34）年
- ホーム形状●1面1線
- 運行本数●上り5本、下り5本

地名の由来は近くの大井川と寸又（すまた）川との合流点に、多くの土砂がたまったこととされる。昭和末期まで車道が通じておらず、土本姓ばかりだった集落へ出入りする手段は井川線以外になかったという。

大井川鐵道
神尾（かみお）

信楽焼のタヌキが並ぶ本線唯一の秘境駅

大井川本線では唯一といえる秘境駅。急斜面を削り取って、ようやくホームが設けられた。信楽焼のタヌキがずらりと並ぶホームそばの「たぬき村」は2003年の土砂崩れでほぼ壊滅したが、地元有志らの手で復興を果たしている。

DATA

- 所在地●静岡県島田市神尾
- 開業年●1928（昭和3）年
- ホーム形状●1面2線
- 運行本数●上り4本、下り4本

4章 東海

名古屋鉄道
美浜緑苑
みはまりょくえん

**名鉄特急も停車する
ニュータウンの駅**

名鉄不動産が1987年から開発したニュータウンの中心駅で名鉄特急も停車するが、知多丘陵の複雑な地形の斜面にあり、高台の住宅街は見通せない。画家・杉本健吉の作品を収蔵する「杉本美術館」も近いが、2021年10月末に閉館となる。

街が近い　特急停車

DATA
所在地●愛知県知多郡美浜町奥田
開業年●1987(昭和62)年
ホーム形状●1面1線
運行本数●上り41本、下り41本

明知鉄道
飯沼
いいぬま

**"勾配日本第2位"の
急坂の途中にある駅**

国土交通省の認可基準を超えた33‰の急勾配の坂の途中に、安全性確認テストを繰り返して設置された。当初は"勾配日本第1位"の駅だったが、京阪電鉄京津線大谷駅が1997年に40‰区間に移設されたため、"第2位"となった。

山の中

DATA
所在地●岐阜県中津川市飯沼
開業年●1991(平成3)年
ホーム形状●1面1線
運行本数●上り12本、下り12本

087

④章｜東海

樽見鐵道
日当
ひなた

桜の好撮影地として知られる小さな駅

1面1線のホーム上に木造の待合室が建つばかりの小さな駅だが、桜の巨樹が並び立つため、満開の時季には多くの花見客が訪れる。とくに樽見寄り（北側）のトンネル坑口上は、第八根尾川橋梁のトラスも一望の好撮影地として知られる。

山（の中）　川（が近い）

DATA
所在地●岐阜県本巣市日当
開業年●1989（平成元）年
ホーム形状●1面1線
運行本数●上り11本、下り11本

中央本線

定光寺
じょうこうじ

尾張藩初代・義直の廟所の寺院が最寄り

山の中　川が近い

DATA
- 所在地●愛知県春日井市玉野町
- 開業年●1924(大正13)年
- ホーム形状●2面2線
- 運行本数●上り49本、下り49本

中央本線の電車が頻繁に行き交うが、駅は庄内川の上流部・玉野川の渓谷に沿う斜面の中腹に造られている。駅名の由来となった定光寺は対岸の瀬戸市に鎮座し、徳川御三家の一つで初代尾張藩主・義直の墓所「源敬公廟(げんけいこうびょう)」がある。

中央本線

古虎渓
ここけい

旧線跡のトンネルは近代化産業遺産に認定

川が近い

DATA
- 所在地●岐阜県多治見市諏訪町神田
- 開業年●1952(昭和27)年
- ホーム形状●2面2線
- 運行本数●上り49本、下り49本

土岐(とき)川の渓谷と丘陵に挟まれた狭い平地に位置する。定光寺～古虎渓間の旧線は1966年に愛岐(あいぎ)トンネル(2910m)が開通するまで多くのトンネルが続く難所だった。「旧国鉄中央線の隧道群」として4基が近代化産業遺産、うち3基が国登録有形文化財となっている。

中央本線

落合川
おちあいがわ

「電力王」が造ったダム湖畔の桜並木に沿う

山の中　川が近い

DATA
- 所在地●岐阜県中津川市落合
- 開業年●1917(大正6)年
- ホーム形状●1面2線
- 運行本数●上り21本、下り20本

信号場として開業したため、中津川市落合集落とは1kmほど離れた位置にある。「電力王」と称された福澤桃介(諭吉の婿養子)が社長を務めた大同電力(現・関西電力)が造った、落合ダム湖畔の桜並木に沿う。

紀勢本線 波田須(はだす)

"俗世界から隔絶"された リアス式海岸の駅

険しいリアス式海岸が続く熊野灘の入り江の中腹に位置し、東西をトンネルに挟まれている。集落はさらに奥まった高台にあり、ホームと大海原の間をさえぎるものは何もない。"俗世界から隔絶された風景の秘境駅"として人気が高い。

海が近い

DATA
所在地●三重県熊野市波田須町
開業年●1961(昭和36)年
ホーム形状●1面1線
運行本数●上り10本、下り10本

名松線 伊勢鎌倉(いせかまくら)

日本史上重要な地の 合体駅名をもつ小駅

「古代律令制下の大国(伊勢)」と「幕府が開かれた関東の拠点(鎌倉)」という、日本史上重要な地名が合体。しかしその実態は、1面1線ホームにプレハブの待合室が建つばかりの小駅で、1日平均乗車人員は7人(2019年度)にすぎない。

山の中 川が近い

DATA
所在地●三重県津市美杉町八知
開業年●1935(昭和10)年
ホーム形状●1面1線
運行本数●上り8本、下り7本

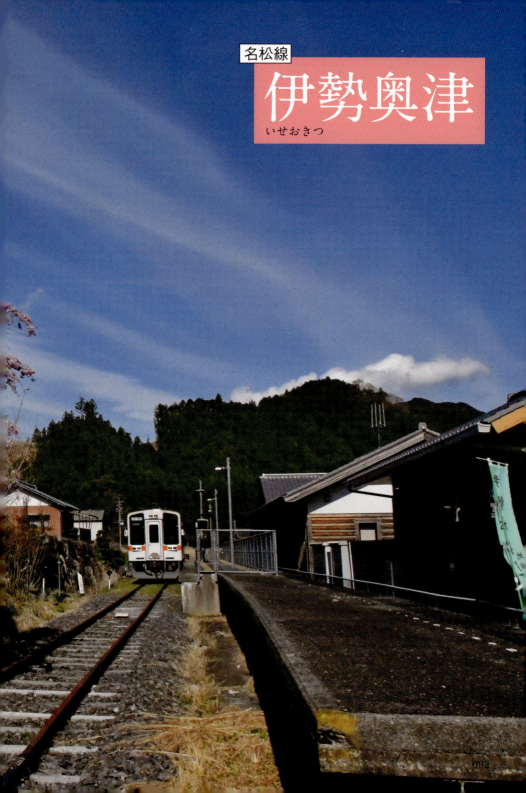

名松線
伊勢奥津
いせおきつ

4章 東海

大水害から7年ぶりに復旧を遂げた終着駅

名張までの延伸はかなわず、1935年の開業以来、終着駅の役割に甘んじている。「平成21年台風18号」(2009年10月)で大きな被害を受けながら、JR東海の名松線廃止の意向を地元住民がはねのけ、16年4月に7年ぶりの復旧を遂げた。

山の中　川が近い

DATA
所在地●三重県津市美杉町奥津
開業年●1935(昭和10)年
ホーム形状●1面1線
運行本数●上り8本、下り7本

近鉄大阪線
東青山
ひがしあおやま

乗降客は少ないが
ダイヤ編成上重要な駅

 山の中

DATA
- 所在地●三重県津市白山町上ノ村
- 開業年●1930（昭和5）年
- ホーム形状●2面4線
- 運行本数●上り38本、下り52本

伊勢湾と大阪湾の分水嶺・青山高原の東側に位置。1975年の新青山トンネル（5652m）開通による複線化で、東側に3kmほど移設された。乗降人員は少ないが優等列車の待避や折り返し列車の運行など、ダイヤ編成上重要な存在になっている。

近鉄大阪線
西青山
にしあおやま

大阪線最少の乗降人員
旧駅は乗馬クラブに

 山の中

DATA
- 所在地●三重県伊賀市伊勢路青山
- 開業年●1930（昭和5）年
- ホーム形状●2面2線
- 運行本数●上り38本、下り34本

青山高原の西側にあり、青山トンネル開通で西側へ1kmほど移設されたこともあって集落から離れ、乗降人員は1日12人（2018年11月調査）と、近鉄大阪線で最も少ない。旧駅構内は乗馬クラブに姿を変えた。

木津川に近い緩やかな段丘上の田園地帯にあり、開けた風景のはるか遠くに民家が点在している。短いホームにプレハブ小屋のような待合室と、屋根付きながら三方吹きさらしのベンチを備えた待合スペースが並列している。

伊賀鉄道
上林
うえばやし

プレハブの待合室と
屋根付きベンチが並列

 川が近い 田園

DATA
- 所在地●三重県伊賀市上林
- 開業年●1926（大正15）年
- ホーム形状●1面1線
- 運行本数●上り35本、下り35本

第5章

北陸・近畿の秘境駅

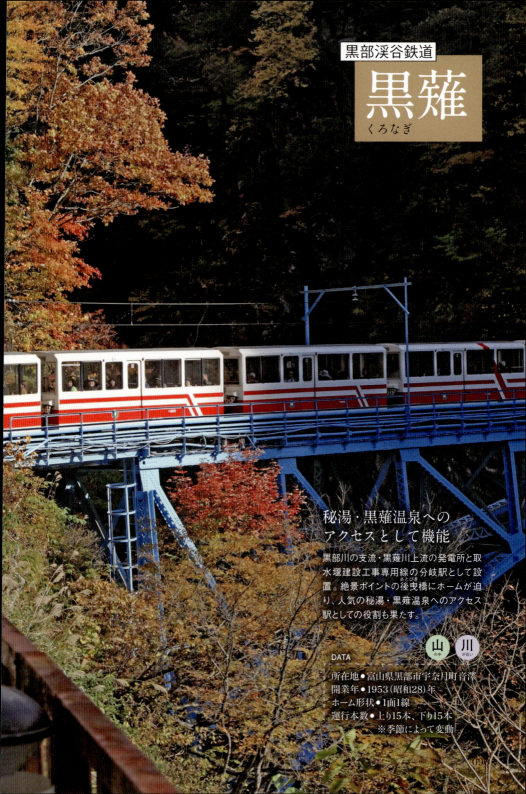

黒部渓谷鉄道
黒薙
くろなぎ

秘湯・黒薙温泉へのアクセスとして機能

黒部川の支流・黒薙川上流の発電所と取水堰建設工事専用線の分岐駅として設置。絶景ポイントの後曳橋にホームが迫り、人気の秘湯・黒薙温泉へのアクセス駅としての役割も果たす。

DATA
- 所在地●富山県黒部市宇奈月町音澤
- 開業年●1953(昭和28)年
- ホーム形状●1面1線
- 運行本数●上り15本、下り15本
  ※季節によって変動

黒部峡谷鉄道　鐘釣（かねつり）

構内の平坦部が短く特殊なスイッチバックで運行

列車交換用に設けられた駅だが、平坦部の停車場内の線路が短いため、列車はいったん安全側線に張り出して停車。後退してから再度本線に戻る、特殊なスタイルのスイッチバック方式で運行されている。

DATA
- 所在地●富山県黒部市宇奈月温泉
- 開業年●1953（昭和28）年
- ホーム形状●2面2線
- 運行本数●上り15本、下り15本
　　　　　※季節によって変動

IRいしかわ鉄道　倶利伽羅（くりから）

源平合戦の舞台の峠「火牛」の像などを展示

石川・富山県境の峠越え区間で、駅前に数軒の民家が建つばかり。峠と駅の名は近くの倶利伽羅不動寺に由来する。峠は1183年の源義仲（みなもとのよしなか）と平維盛（たいらのこれもり）らの合戦の舞台で、義仲の秘策「火牛の計（かぎゅうのけい）」にちなむたいまつを角に結んだ牛の像などが構内にある。

DATA
- 所在地●石川県津幡町刈安
- 開業年●1909（明治42）年
- ホーム形状●1面2線
- 運行本数●上り29本、下り28本

越前下山
えちぜんしもやま

越美北線

トンネルが途切れた
わずかな区間に設置

DATA
- 所在地●福井県大野市下山
- 開業年●1972(昭和47)年
- ホーム形状●1面1線
- 運行本数●上り5本、下り4本

1972年延伸の勝原(かどはら)～九頭竜湖間唯一の中間駅。ほとんどをトンネルで直線的に線路を敷いたため、集落や九頭竜川の蛇行に沿う国道158号とは離れ、トンネルが途切れた築堤上のわずかな明かり区間に設置された。

下唯野
しもゆいの

越美北線

近くの九頭竜川は
アユ釣りスポット

DATA
- 所在地●福井県大野市下唯野
- 開業年●1960(昭和35)年
- ホーム形状●1面1線
- 運行本数●上り5本、下り4本

畑に囲まれた最寄りの集落からやや離れた県道沿いに、1面1線のホームと待合室だけの駅がある。近くの九頭竜川に架かる龍仙橋下流の「七板(ななした)」は水量が豊かで、流域屈指のアユ釣りスポットとして人気を集めている。

南今庄
みなみいまじょう

はぴラインふくり

新駅名に合わせて
「帰」の地区名も改称

DATA
- 所在地●福井県南条郡
  　　　　南越前町南今庄
- 開業年●1962(昭和37)年
- ホーム形状●2面2線
- 運行本数●上り26本、下り24本

1962年の北陸トンネル(1万3870m)開通と同時に、今庄寄り(北側)の坑口そばに旧線の大桐駅の代わりとして新設された。今庄町(現・南越前町)の「帰(かえる)」だった珍しい地区名も、南今庄に改められたという。

比叡山鉄道（坂本ケーブル）
ほうらい丘
ほうらいおか

5章 | 北陸・近畿

中間駅は通常通過
乗降時は申し出が必要

漢字地名は「蓬莱丘」。ケーブルカーではこれも珍しい橋梁とトンネルの間に位置する。列車は通常通過し、もたて山とも同様に乗降する際は、事前申告か駅備え付けの鉄道電話からケーブル延暦寺駅係員への連絡が必要となる。

山の中 | 1日10本以下

DATA
- 所在地●滋賀県大津市坂本本町
- 開業年●1984(昭和59)年
- ホーム形状●1面1線
- 運行本数●上り0本、下り0本
　　　　　（停車要望時のみ）

もたて山
もたてやま

比叡山鉄道（坂本ケーブル）

DATA
所在地●滋賀県大津市坂本本町
開業年●1949（昭和24）年
ホーム形状●1面1線
運行本数●上り0本、下り0本
　　　　　（停車要望時のみ）

紀貫之の墓所が近い
ケーブルカーの中間駅

ほうらい丘とともに比叡山（標高848.3m）の中腹に位置する、ケーブルカーでは珍しい中間駅。勾配は333‰にも達する。漢字の地名表記は「裳立山」で、平安時代の歌人・紀貫之の墓所が近くにある。

玉桂寺前
ぎょくけいじまえ

信楽高原鐵道

駅名ゆかりの寺院は
淳仁天皇の離宮跡

滋賀県立陶芸の森から東側へ離れた丘陵地のふもとに位置し、紫香楽宮跡とともに1987年の三セク移管時に新設された。由来となった玉桂寺は奈良時代の750年頃、第47代淳仁天皇が離宮として築いた保良宮（比定地は諸説あり）跡に置かれたとされる。

DATA　田園
所在地●滋賀県甲賀市
　　　　信楽町勅旨
開業年●1987（昭和62）年
ホーム形状●1面1線
運行本数●上り15本、下り15本

102

近鉄生駒ケーブル
霞ヶ丘
かすみがおか

運行特性上"仕方なく" 停止地点に設置された駅

通称「近鉄生駒ケーブル」に3駅ある中間駅の一つ。上り下りどちらかの列車が梅屋敷に停まると、もう一方の列車も交換箇所を挟んだ同距離の地点に停まらざるを得ない交走式ケーブルの運行特性上、"仕方なく"設置された駅といえる。

DATA
所在地●奈良県生駒市菜畑町
開業年●1929(昭和4)年
ホーム形状●1面1線
運行本数●上り13本、下り13本

近鉄吉野線
大阿太
おおあだ

集落周辺が急勾配で 梨園下の斜面に設置

名産「二十世紀」がたわわに実る「大阿太高原梨園」の中腹斜面に位置するため、最寄りの集落は500mほど吉野口寄り(北側)に離れている。集落近くに駅が設置されなかったのは、急勾配区間の途中にあたるためという。

DATA
所在地●奈良県吉野郡
　　　　大淀町佐名伝
開業年●1929(昭和4)年
ホーム形状●2面2線
運行本数●上り40本、下り40本

南海高野線
紀伊神谷
きいかみや

ほか8駅などとともに
近代化産業遺産に認定

紀伊細川などと同様に険しい山間部に位置し、実質的には"列車交換可能な信号場"として機能する。上古沢などほか8駅や紀ノ川・丹生川橋梁、南海鋼索線（高野山ケーブルカー）とともに、経済産業省の近代産業化遺産に認定されている。

川が近い｜山の中｜木造駅舎

DATA
所在地●和歌山県伊都郡高野町神谷
開業年●1928(昭和3)年
ホーム形状●1面2線
運行本数●上り30本、下り30本

南海高野線
木津川
きづがわ

大阪市内の鉄道駅で最も少ない乗車人員

DATA
- 所在地●大阪府大阪市西成区北津守
- 開業年●1900(明治33)年
- ホーム形状●1面2線
- 運行本数●上り33本、下り33本

大阪市街地に位置する南海高野線の駅だが、実質的には孤立した行き止まり支線「汐見橋線」の中間駅。周辺は工場地帯で空き地が多く、人通りも少ない。そのため1日平均乗車人員は72人(2019年度)と、市内の鉄道駅で最も少ない。

南海高野線
上古沢
かみこさわ

地すべりで斜面側のホームを廃止し無人化

DATA
- 所在地●和歌山県伊都郡九度山町上古沢
- 開業年●1928(昭和3)年
- ホーム形状●1面1線
- 運行本数●上り30本、下り30本

南海高野線
紀伊細川
きいほそかわ

斜面に建ち土台の高さが左右で異なる木造駅舎

DATA
- 所在地●和歌山県伊都郡高野町細川
- 開業年●1928(昭和3)年
- ホーム形状●2面2線
- 運行本数●上り30本、下り30本

吉野川の支流・不動谷川が刻んだ渓谷の中腹に位置する。1928年の開業以来の小ぶりな切妻屋根の木造駅舎は斜面に建てられているため、出入り口がある妻側から見ると、土台の高さが左右で異なっているのがよくわかる。

辛皮 (からかわ) 京都丹後鉄道

切り通しをまたぐため ホーム両端に出入り口

山の中

1988年の宮福鉄道（現・京都丹後鉄道宮福線）開業と同時に、宮津市と福知山市を隔てる大江山山系の尾根を切り通して設けられた。ホームが切り通しの前後をまたぐため、出入り口が両端部にある。地名・駅名の由来は「涸れ川」の転訛という。

DATA
- 所在地●京都府宮津市小田
- 開業年●1988（昭和63）年
- ホーム形状●1面1線
- 運行本数●上り11本、下り10本

貴船口 (きぶねぐち) 叡山電車

"京都の奥座敷"こと 貴船地区への玄関口

 山の中   川が近い

鞍馬線と並行する鞍馬街道（府道40号）から北西へ分かれ、水神の総本山・貴船神社へ続く府道361号との分岐点に設けられたため、小学校などが立地するだけで集落はない。駅前から"京都の奥座敷"こと左京区貴船地区へは路線バスで4分ほど。

DATA
- 所在地●京都府京都市左京区鞍馬貴船町
- 開業年●1929（昭和4）年
- ホーム形状●1面1線
- 運行本数●上り55本、下り55本

山陰本線 立木（たちき）

跨線橋をさらにまたぐ
長大な高速道路橋

2面2線の交換可能駅で、「JR／た／ち／き」と4分割された大きな看板がかかる1番のりば側の斜面上に、数軒の民家が並ぶ。京都寄り（東側）の跨線橋のそばを高速規格の京都縦貫自動車道（国道478号）の長大な橋梁が横切っている。

DATA 山の中
- 所在地 ● 京都府船井郡京丹波町広野北篠
- 開業年 ● 1947（昭和22）年
- ホーム形状 ● 2面2線
- 運行本数 ● 上り16本、下り16本

京都・亀岡市にまたがる
アーチ橋上のホーム

1989年の嵯峨（現・嵯峨嵐山）〜馬堀間の新線切り替えで、渓谷沿いから保津川に架かるアーチの第二保津川橋梁上に移された。ホームは京都市と亀岡市にまたがり、駅舎は西岸の亀岡市域に設けられている。

DATA 山の中 川が近い
- 所在地 ● 京都府亀岡市保津町保津山
- 開業年 ● 1929（昭和4）年
- ホーム形状 ● 2面2線
- 運行本数 ● 上り58本、下り60本

山陰本線 保津峡（ほづきょう）

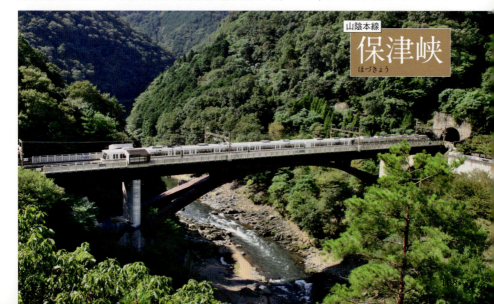

5章 | 北陸・近畿

山陰本線
鎧(よろい)

日本海が一望できる
高台上の絶景の駅

鎧漁港があるリアス式海岸の入り江の奥の高台に建ち、左右に延びる岬越しに日本海が一望できる絶景の駅。駅舎のまわりに数軒の民家が建つが、集落の中心は地下道から急坂を下った漁港近くの浜辺にある。

DATA 海が近い
- 所在地●兵庫県美方郡香美町香住区鎧タルビ
- 開業年●1912(明治45)年
- ホーム形状●1面1線
- 運行本数●上り10本、下り10本

山陰本線
餘部(あまるべ)

旧余部橋梁の一部が
「空の駅」として保存

好撮影地として知られる余部橋梁(高さ41.5m・長さ310.6m)のすぐ西側にホームが隣接する。駅建設の際には、設置を熱望していた住民も協力したという。旧橋の一部が展望台「余部鉄橋『空の駅』」として保存・公開されている。

DATA
- 所在地●兵庫県美方郡香美町香住区余部ナワテ
- 開業年●1959(昭和34)年
- ホーム形状●1面1線
- 運行本数●上り10本、下り10本

山陰本線
久谷（くたに）

後藤新平揮毫の篇額を掲げた坑口に隣接

DATA
- 所在地●兵庫県美方郡新温泉町久谷桑垣
- 開業年●1912（明治45）年
- ホーム形状●1面1線
- 運行本数●上り10本、下り10本

"山陰本線最大の難工事"と称された桃観トンネル（とうかん）（1992m、1912年完成）の西側坑口そばに、2014年に1面1線化のうえ駅舎も撤去されたホームが延びる。れんが積みの坑口に掲げられた後藤新平揮毫の篇額「萬方惟慶」（まんぽうゆいけい）の文字が読み取れる。

山陰本線
居組（いぐみ）

惜しまれ解体された築100年超の木造駅舎

DATA
- 所在地●兵庫県美方郡新温泉町居組大坂
- 開業年●1911（明治44）年
- ホーム形状●1面1線
- 運行本数●上り13本、下り13本

駅は山あいの高台に位置するが、新温泉町居組地区の中心集落は北西へ800mほど離れた海辺に広がっている。1911年の開業以来という木造駅舎は2018年、100年を超す務めを終えて惜しまれながら解体された。

宝塚市域の北端に位置し、ホームは馳渡山（かけわたり）（289.4m）を貫く第一武田尾トンネル内と第二武庫川（むこ）橋梁上にまたがっている。1986年の生瀬（なませ）〜道場（どうじょう）間の新線切り替えによって移設、無人化された。旧線跡はハイキングコースとして人気が高い

福知山線
武田尾（たけだお）

トンネル内と橋梁上にまたがる無人駅のホーム

DATA
- 所在地●兵庫県宝塚市玉瀬イズリハ
- 開業年●1899（明治32）年
- ホーム形状●2面2線
- 運行本数●上り73本、下り73本

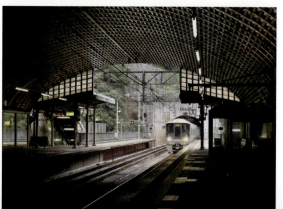

第6章 中国・四国の秘境駅

6章｜中国・四国

地元住民が手入れする
木製出札窓口やラッチ

1931年の開業以来の木造駅舎が現役。木製の出札窓口や改札口のラッチなども地元住民によって手入れがなされ、奇麗に使われている。出入り口の前から一直線に延びる細道が失われた民家の跡を貫き、大きな工場が建つ県道へと通じている。

山の中 ／ 川が近い ／ 木造駅舎

DATA
- 所在地●岡山県津山市加茂町小淵小原
- 開業年●1931(昭和6)年
- ホーム形状●1面1線
- 運行本数●上り6本、下り6本

新郷(にいざと) 伯備線

駅前に立つ歌碑に「昭和輝く希望の駅」

急斜面を削って2面2線のホームを設けているため、2番のりば（下り線）のホーム幅は極端に狭く、1番のりば（上り線）と駅前広場の間も階段で行き来する。「昭和輝く新郷の燃える希望の駅なりて」で始まる「新郷駅の歌」の碑が駅前に立つ。

 山(の中) / 川(が近い)

DATA
- 所在地●岡山県新見市神郷釜村
- 開業年●1953（昭和28）年
- ホーム形状●2面2線
- 運行本数●上り9本、下り8本

布原(ぬのはら) 伯備線

信号所時代はD51形SL三重連の撮影ポイント

伯備線の駅だが、乗り入れてくる芸備線の気動車列車しか停まらない。信号場だった1972年までD51形SLの三重連が運行され、西川橋梁を望む撮影ポイントに「お立ち台」が仮設されるほどのにぎわいをみせた。

山(の中) / 川(が近い)

DATA
- 所在地●岡山県新見市西方野々原
- 開業年●1987（昭和62）年
- ホーム形状●2面2線
- 運行本数●上り6本、下り5本

6章 中国・四国

伯備線
方谷
ほうこく

**幕末～明治の陽明学者
山田方谷の名が由来**

DATA
- 所在地●岡山県高梁市中井町西方
- 開業年●1928(昭和3)年
- ホーム形状●1面2線
- 運行本数●上り15本、下り15本

高梁川の渓谷沿いに立地し、駅舎は国の登録有形文化財とされている。駅名の由来は幕末～明治の陽明学者・山田方谷が明治新政府の出仕要請を断って帰農し、この地に私塾「長瀬塾」兼居宅を結んでいたことによる。

水島臨海鉄道
三菱自工前
みつびしじこうまえ

**工場以外の建物はなく
ラッシュ時以外は閑散**

DATA
- 所在地●岡山県倉敷市水島海岸通
- 開業年●1972(昭和47)年
- ホーム形状●1面1線
- 運行本数●上り17本、下り12本

駅名からわかるように自動車メーカーの製作所に隣接する、旅客列車の終着駅。周囲は工場地帯で朝夕のラッシュ時は通勤客でにぎわうものの、民家も商店も周辺にないため、それ以外の時間帯は閑散としている。

芸備線
道後山
どうごやま

**スキー場閉鎖で周辺の
関連施設がすべて撤去**

駅裏に高尾原スキー場が隣接していたが、2011年に閉鎖されてリフトやレストハウスなどの関連施設もすべて撤去された。利用者が多かった時代の名残で、消防ポンプ車庫となり雪よけのスチール板で屋根が覆われた一部モルタル張りの木造駅舎は比較的大きい。

DATA
- 所在地●広島県庄原市西城町高尾
- 開業年●1936(昭和11)年
- ホーム形状●1面1線
- 運行本数●上り3本、下り3本

芸備線 内名（うちな）

DATA
- 所在地●広島県庄原市東城町竹森
- 開業年●1955(昭和30)年
- ホーム形状●1面1線
- 運行本数●上り3本、下り3本

列車は1日3往復で数人の高校生の利用のみ

道後山（標高1271m）から続く山間部が、わずかに開けた盆地にある。旧西城・東城町（現・庄原市）の"町境現象"で人の移動が少なく、列車は1日3往復のみ。数人の高校生が東城と行き来するばかりとなっている。

芸備線・木次線 備後落合（びんごおちあい）

転車台と給炭台が残る山あいの小さな接続駅

芸備線と木次線の接続駅だが、山あいの小さな駅前には元旅館など数軒の民家しかない。2・3番のりばの待合室にはかつて名物「おでんうどん」の売店があった。備後西城寄り（西側）の構内には、転車台と給炭台の遺構が残されている。

DATA
- 所在地●広島県庄原市西城町奥八鳥
- 開業年●1935(昭和10)年
- ホーム形状●2面3線
- 運行本数●上り6本、下り5本

6章｜中国・四国

木次線
油木
ゆき

ホームのY字屋根下に
プレハブの待合室

DATA
所在地●広島県庄原市
　　　　西城町油木
開業年●1937（昭和12）年
ホーム形状●1面1線
運行本数●上り3本、下り3本

広島県最北端の駅。木造駅舎は1990年代に撤去され、ホームのY字形の屋根下にプレハブの待合室が建てられた。駅前に数軒の民家と簡易郵便局や、並行する国道314号を走る路線バスの停留場もあるが、ホーム裏手の小学校は廃校となった。

智頭急行
恋山形
こいやまがた

駅全体がピンクの塗色
「来い」にもかけた駅名

DATA
所在地●鳥取県八頭郡
　　　　智頭町大内
開業年●1994（平成6）年
ホーム形状●2面2線
運行本数●上り11本、下り11本

斜面の中腹にあり、接続する道路はかなりの急勾配で車でも近づきにくい。ホームの手すりなども含め、駅全体がピンクに塗られている。全国に4つしかない「恋」の付く駅の一つで、旧名は因幡山形だったが、「来い」にもかけて改称された。

山陰本線
久代
くしろ

県立海浜公園が近いが
アクセス機能はない

DATA
所在地●島根県浜田市久代町
開業年●1959（昭和34）年
ホーム形状●1面1線
運行本数●上り12本、下り13本

駅は海岸や集落から離れた高台に位置し、緩い坂道でつながっている。隣駅の波子との間に県立しまね海洋館アクアスなどがある県立石見海浜公園が広がっているが、入り口が反対側になるため、アクセス機能はない。

宇田郷（うたごう）〔山陰本線〕

 山の中　 海が近い

DATA
- 所在地●山口県阿武郡阿武町宇田
- 開業年●1931（昭和6）年
- ホーム形状●2面2線
- 運行本数●上り7本、下り7本

両側の集落の複合駅名
惣郷川橋梁の最寄り

駅舎前の国道191号の向こうに、日本海が広がる。阿武町宇田・惣郷両集落のちょうど中間にあり、一部ずつ採られた複合駅名になる。好撮影ポイントで土木学会選奨土木遺産の連続ラーメン橋・惣郷川橋梁が近い。

飯井（いい）〔山陰本線〕

 海が近い

DATA
- 所在地●山口県萩市三見前水無
- 開業年●1964（昭和39）年
- ホーム形状●1面1線
- 運行本数●上り8本、下り8本

ローマ字表記なら
「世界最短の駅名」に

高台のホームからは赤茶色の石州瓦が連なる集落と漁港が見下ろせ、青い日本海が広がっている。ローマ字表記なら「II」で、ほか2文字の粟生（AO）、頴娃（EI）、小江（OE）のうち最も"文字幅が狭い"ことから、「世界最短の駅名」をうたう。

6章 中国・四国

錦川鉄道
清流みはらし
せいりゅうみはらし

**断崖絶壁の桟状ホーム
臨時列車以外乗降不可**

DATA
- 所在地●山口県岩国市美川町根笠
- 開業年●2019（平成31）年
- ホーム形状●1面1線
- 運行本数●イベント時のみ停車

2019年3月に開業したばかりの新たな秘境駅。錦川の流れの絶景と並行する断崖絶壁のコンクリート擁壁へ、ホームのみが桟状に渡されている。そのため、臨時イベント列車「清流みはらし号」以外で訪れることは不可能となっている。

錦川鉄道
南桑
なぐわ

**最寄り集落は錦川対岸
カジカガエルの生息地**

DATA
- 所在地●山口県岩国市美川町南桑
- 開業年●1960（昭和35）年
- ホーム形状●1面1線
- 運行本数●上り10本、下り10本

駅は清流みはらし同様に錦川に沿う斜面に位置し、最寄りの集落は斜張橋の南桑橋が架かる、対岸の岩国市美川町南桑上柏川地区となる。周辺の河原は「南桑カジカガエル生息地」として、県の天然記念物に指定されている。

高徳線
阿波大宮
あわおおみや

**「屋島の戦い」へ向かう
源義経が越えた峠道**

DATA
- 所在地●徳島県板野郡板野町大坂川東
- 開業年●1935（昭和10）年
- ホーム形状●2面2線
- 運行本数●上り6本、下り7本

徳島県と香川県を隔てる讃岐山脈南側のふもとに位置。ホーム側の駅舎の壁には「大坂峠ハイキング下車駅」の看板が架かる。峠には徳島藩の関所が置かれ、1185年の「屋島の戦い」に向かう源義経が越えたという。

牟岐線
田井ノ浜
たいのはま

海水浴場へ"徒歩0分"
夏季限定の臨時駅

DATA
所在地●徳島県海部郡
　　　　美波町田井
開業年●1964(昭和39)年
ホーム形状●1面1線
運行本数●上り3本、下り3本

"徒歩0分"の田井の浜海水浴場への利用客のため、夏季のみ営業する臨時駅。停車列車も1日3往復(2019年度)に限られる。ホームそばの六角形の2階建ては監視塔だが、かつては1階にきっぷの販売窓口があったという。

牟岐線
辺川
へがわ

橘集落の最寄りだが
阿波橘があり名乗れず

DATA
所在地●徳島県海部郡
　　　　牟岐町橘
開業年●1942(昭和17)年
ホーム形状●1面1線
運行本数●上り11本、下り10本

田園風景のなかに位置するが、そばに牟岐町橘地区の小さな集落があるため"秘境駅感"は比較的薄い。辺川は西側にやや離れた地区名だが、同じ牟岐線の阿南市内に阿波橘があったため、「橘」は名乗れなかったという。

予讃線
串
くし

高台から見下ろせる
駅と列車と伊予灘と

DATA
所在地●愛媛県伊予市
　　　　双海町串
開業年●1964(昭和39)年
ホーム形状●1面1線
運行本数●上り9本、下り9本

東隣の下灘と同じく伊予灘に沿うが、こちらは一段高い斜面上にある。ホームそばの踏切を渡った細い坂道をさらに登った位置からは、列車とホーム越しの伊予灘、さらに本州寄りの島々までもがワンショットに収められる。

6章 | 中国・四国

予讃線
下灘(しもなだ)

海(が近い)

伊予灘を眼前に望む 絶景の"映え"スポット

ホーム上のベンチに短い屋根がかかるだけの小さな駅だが、すぐ目の前に伊予灘の絶景が広がる。CMや「青春18きっぷ」のポスターに何度も登場し、"映え"スポットとして鉄道ファン以外の来訪者も増えている。

DATA
所在地●愛媛県伊予市双海町大久保
開業年●1935(昭和10)年
ホーム形状●1面1線
運行本数●上り9本、下り9本

土讃線
黒川(くろかわ)

川(が近い) 田園

大正時代の橋梁と 桜並木の好撮影地

財田川に架かる黒川橋梁北側のたもとに位置するため、ホームは橋梁へ続く高い築堤上に設けられている。黒川橋梁は大正時代の1923年完成と古く、直下の土手の桜並木が満開になる時季は好撮影地としてファンを集めている。

DATA
所在地●香川県仲多度郡まんのう町新目
開業年●1961(昭和36)年
ホーム形状●1面1線
運行本数●上り6本、下り6本

6章｜中国・四国

土讃線
坪尻
つぼじり

ホームに列車が停車中は対向側が普通でも通過

吉野川の支流・鮎苦谷川の深い谷底を埋め立て、信号場として造られたため、周囲に民家はまったくない。ホームが1面1線しかなく、列車が停車中は対向するのが普通列車であっても通過を余儀なくされる。

DATA 山の中／川が近い／1日10本以下／木造駅舎

- 所在地●徳島県三好市池田町西山
- 開業年●1950（昭和25）年
- ホーム形状●1面1線
- 運行本数●上り3本、下り3本

6章 | 中国・四国

土讃線

土佐北川
とさきたがわ

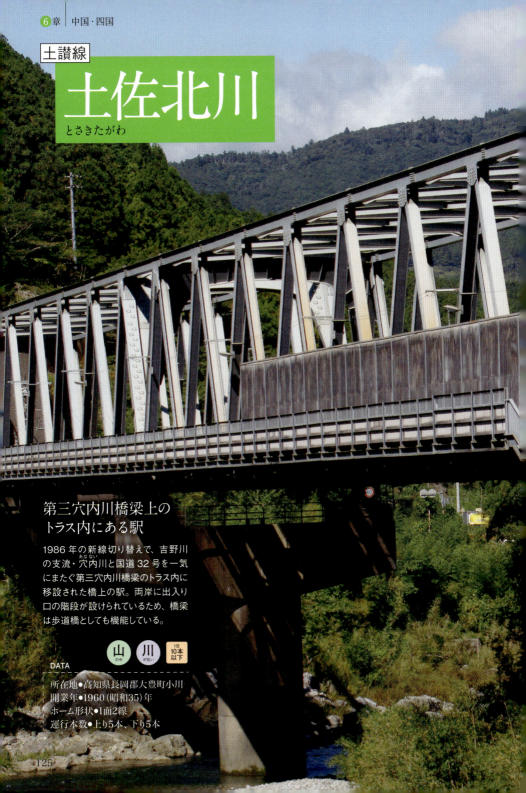

第三穴内川橋梁上のトラス内にある駅

1986年の新線切り替えで、吉野川の支流・穴内川と国道32号を一気にまたぐ第三穴内川橋梁のトラス内に移設された橋上の駅。両岸に出入り口の階段が設けられているため、橋梁は歩道橋としても機能している。

山の中 | 川が近い | 1日10本以下

DATA
所在地●高知県長岡郡大豊町小川
開業年●1960(昭和35)年
ホーム形状●1面2線
運行本数●上り5本、下り5本

土讃線
新改
しんがい

四国で2カ所だけの
スイッチバック駅の一つ

DATA
- 所在地●高知県香美市土佐山田町東川
- 開業年●1947(昭和22)年
- ホーム形状●1面1線
- 運行本数●上り4本、下り2本

坪尻とともに四国で2カ所だけのスイッチバック駅。同じく信号場からの昇格駅で、土佐山田町新改地区とは5kmほども離れている。ホームは本線から離れた擁壁と木々の間にあり、特急など通過列車からは見通せない。

予土線
家地川
いえぢがわ

駅の周辺には集会場と
自転車置き場があるのみ

DATA
- 所在地●高知県高岡郡四万十町家地川
- 開業年●1974(昭和49)年
- ホーム形状●1面1線
- 運行本数●上り4本、下り4本

四万十川の近くに位置するが、ホームから"最後の清流"は望めない。ブロック積み待合スペースそばの階段を下ってすぐのところに自転車置き場と「ふれあい創作館」の看板がかかる集会所があるだけで、民家は離れている。

四万十川に沿う急な斜面の中腹にあり、屈曲した細い階段で擁壁下の県道と結ばれている。路盤の幅が狭いため、小さな待合スペースの土台は半分以上擁壁上に張り出している。ホームからは四万十川の水面がよく見わたせる。

予土線
打井川
うついがわ

擁壁から四万十川へ
張り出す待合スペース

DATA
- 所在地●高知県高岡郡四万十町打井川
- 開業年●1974(昭和49)年
- ホーム形状●1面1線
- 運行本数●上り4本、下り4本

第7章

九州の秘境駅

平成筑豊鉄道
赤（あか）

「トロッコ油須原線」に
未成線の路盤を活用

色一文字の珍しい駅名は、所在地の赤村が由来。駅舎のすぐ前に未成線・国鉄油須原線用の路盤を活用した「赤村トロッコ油須原線」の乗降場があり、バッテリー機関車の牽引でコウモリがすむトンネル内などを走る。

山の中

DATA
- 所在地●福岡県田川郡赤村内田
- 開業年●2003（平成15）年
- ホーム形状●1面1線
- 運行本数●上り19本、下り19本

筑肥線
西相知（にしおうち）

唐津炭田の主力鉱
相知炭鉱の最寄り駅

1972年までに閉山した唐津炭田の主力鉱のひとつ、三菱鉱業相知炭鉱の最寄り駅だったため、構内は広い。西隣の中相知信号場から相知炭坑駅へ1905年と古い開業の貨物支線が分岐していたが、78年に廃止された。

田園

DATA
- 所在地●佐賀県唐津市相知町佐里
- 開業年●1935（昭和10）年
- ホーム形状●1面1線
- 運行本数●上り9本、下り9本

7章 | 九州

大村線
千綿
ちわた

海が近い｜木造駅舎

昭和のイメージのまま
改築された木造駅舎

昭和初期の開業時のイメージそのままで、1993年に改築された端正な木造駅舎と、1面1線のホームを隔てた防波壁の直下は大村湾。"海が見える駅"として人気で、「青春18きっぷ」のポスターにも登場した。

DATA
- 所在地●長崎県彼杵郡東彼杵町平似田郷
- 開業年●1928(昭和3)年
- ホーム形状●1面1線
- 運行本数●上り16本、下り18本

長崎本線
東園
ひがしその

山の中 海が近い

DATA
- 所在地●長崎県諫早市多良見町東園
- 開業年●1966(昭和41)年
- ホーム形状●1面1線
- 運行本数●上り16本、下り17本

切り通しに移設された
波打ち際の絶景駅

千綿同様に大村湾を望む絶景駅だったが、2002年に長崎寄り(西側)の切り通しに数十m移設され、眺望は失われた。旧ホーム跡の東側には封鎖された地下道の遺構が、波打ち際に向かって残されている。

鹿児島本線

田原坂
（たばるざか）

新政府軍と西郷軍の
古戦場だった丘陵地

DATA
所在地	● 熊本県熊本市北区植木町轟
開業年	● 1965（昭和40）年
ホーム形状	● 2面2線
運行本数	● 上り38本、下り38本

明治新政府軍と西郷隆盛を戴いた旧薩摩藩士らの軍勢との西南戦争（1877年）で、「越すに越されぬ」と唄われた激戦の古戦場に位置。駅周辺は果樹園や竹林が広がる丘陵地で、民家は斜面下の県道沿いに点在している。

三角線

赤瀬
（あかせ）

海水浴場の最寄りだが
駅は斜面の山中に位置

DATA
所在地	● 熊本県宇土市赤瀬町
開業年	● 1941（昭和16）年
ホーム形状	● 1面1線
運行本数	● 上り16本、下り16本

有明海越しに雲仙普賢岳（標高1359m）を望む赤瀬海水浴場へ徒歩15分ほどの距離にあるが、駅は斜面とトンネルに囲まれた山中に位置する。1907年から41年までは、夏季のみ営業の仮乗降場だった。

三角線

石打ダム
（いしうちだむ）

「三角築港百周年」で
民間資金集め新設

DATA
所在地	● 熊本県宇城市三角町中村
開業年	● 1989（平成元）年
ホーム形状	● 1面1線
運行本数	● 上り16本、下り16本

三角町石内地区の最寄り駅は北へ2kmほど離れた赤瀬だったが、1989年に「三角築港百周年記念事業」の一環として民間から資金が集められ、新設された。石内ダムは当時工事中（92年完成）で、観光客の利用も期待された。

⑦章 九州

肥薩線
瀬戸石
せといし

**たび重なる豪雨被害で
ホームまでもが流失**

DATA
- 所在地●熊本県八代市
坂本町川嶽瀬戸石
- 開業年●1910(明治43)年
- ホーム形状●1面2線
- 運行本数●不通(2024年11月現在)

「日本三大急流」の一つ、球磨川に沿う。そのため、氾濫によって1965年と82年には駅舎が流失し、残されたホームと待合室までもが2020年の「令和2年7月豪雨」によって跡形もなくなってしまった。

肥薩線
海路
かいじ

**瀬戸石ダム完成により
直下の集落が水没**

DATA
- 所在地●熊本県葦北郡
芦北町海路
- 開業年●1952(昭和27)年
- ホーム形状●1面1線
- 運行本数●不通(2024年11月現在)

両隣の瀬戸石、吉尾同様、駅は球磨川のほとりに設けられている。かつては斜面の下に集落が広がっていたが、1958年完成の瀬戸石ダム湖に沈んだ。上流の荒瀬ダムが撤去され、瀬戸石ダムにも存廃論議が起きている。

肥薩線
吉尾
よしお

**温泉などがある集落は
1km離れた支流沿い**

DATA
- 所在地●熊本県葦北郡
芦北町箙瀬
- 開業年●1952(昭和27)年
- ホーム形状●1面1線
- 運行本数●不通(2024年11月現在)

線路と球磨川の間に延びる県道に路線バスの停留所があるものの、吉尾温泉などがある芦北町吉尾地区は西へ1km以上離れた支流の吉尾川に沿う。2002年の豪雨で、待合室は屋根と支柱のみの姿になってしまった。

DATA 山の中 川が近い 木造駅舎
所在地●熊本県人吉市大野町
開業年●1909(明治42)年
ホーム形状●1面2線
運行本数●不通(2024年11月現在)

7章 | 九州

肥薩線

大畑
おこば

日本で唯一ループ線とスイッチバックを併用

日本でただ一つ、ループ線とスイッチバックが併用された急勾配の駅。列車交換とSLの給水地点としての意味合いが強く、地元の利便性は考慮されなかった。最寄りの人吉市大畑地区は4km近く急坂を下った国道221号沿いに離れている。

那良口(ならぐち) 肥薩線

球磨川とは山ひとつ
隔てた盆地に建つ

1910年の開業時は木材を積み出すことが主目的の貨物駅だったが、13年に旅客営業を始めた。ブロック積みの簡易駅舎のみが建つ駅は、球磨川とは山ひとつ隔てた細長い盆地状の地形内に位置している。

DATA
所在地●熊本県球磨郡
　　　　球磨村三ケ浦那良口
開業年●1910(明治43)年
ホーム形状●1面1線
運行本数●不通(2024年11月現在)

矢岳(やたけ) 肥薩線

「SL展示館」がある
明治時代の木造駅舎

前後の大畑、真幸同様に明治時代の木造駅舎が残るスイッチバックの駅。構内に「人吉市SL展示館」があり、D51形170号機を保存。「SL人吉」を引く8620形58654号機も1987年まで館内に保存されていた。

DATA
所在地●熊本県人吉市
　　　　矢岳町
開業年●1909(明治42)年
ホーム形状●1面1線
運行本数●不通
　　　　(2024年11月現在)

7章 九州

肥薩線
真幸 (まさき)

DATA
- 所在地●宮崎県えびの市内堅
- 開業年●1911(明治44)年
- ホーム形状●1面2線
- 運行本数●不通
  （2024年11月現在）

土石流の痕跡の巨岩と
「幸福の鐘」がある駅

矢岳との間に続く霧島連峰を望む風景は「日本三大車窓」の一つとされ、駅には「幸福の鐘」が立つ。1972年に大規模な土石流が発生し駅前の数十戸が流失。流されてきた約8tという巨岩が、ホーム上に残されている。

肥薩線
表木山 (ひょうきやま)

DATA
- 所在地●鹿児島県霧島市隼人町嘉例川
- 開業年●1920(大正9)年
- ホーム形状●2面2線
- 運行本数●上り12本、下り11本

鹿児島空港へ徒歩30分
隠れた空港アクセス駅

信号場から昇格した山あいの小駅だが、鹿児島空港まで徒歩30分ほどと、石北本線西女満別同様"隠れた空港アクセス駅"でもある。ただし道路のアップダウンが激しく、重い荷物を抱えての行き来は厳しいという。

宗太郎
そうたろう

日豊本線

停車列車が1日わずか
3本の"究極の秘境駅"

大分県最南端の駅で宮崎県境の険しい峠「宗太郎越え」に位置し、「本線」ながら人流もほとんどない。特急列車は頻繁に通過するものの、普通列車は下りが朝1本、上りが朝夜1本ずつの計3本しか停車せず、"究極の秘境駅"ともいわれる。

7章 | 九州

山の中　川が近い　1日10本以下

DATA
所在地●大分県佐伯市宇目重岡
開業年●1947(昭和22)年
ホーム形状●2面2線
運行本数●上り2本、下り1本

日豊本線
東都農
ひがしつの

リニア宮崎実験線の見学施設があった駅

DATA
- 所在地●宮崎県児湯郡都農町川北
- 開業年●1952(昭和27)年
- ホーム形状●2面2線
- 運行本数●上り17本、下り16本

田んぼのなかの駅舎もない無人駅だが、2006年までリニア新幹線の宮崎実験線が並行し、そばに見学施設や資料館も設けられていた。都農町内や日向(ひゅうが)市内への通勤・通学需要があり、1日51人(2015年度)が乗車する。

日豊本線
青井岳
あおいだけ

SL時代の難所だった「青井岳越え」の小駅

DATA
- 所在地●宮崎県都城市山之口町山之口
- 開業年●1916(大正5)年
- ホーム形状●1面2線
- 運行本数●上り19本、下り19本

紅葉の名所として知られる青井岳温泉・渓谷へ徒歩5分ほど。前後の「青井岳越え」はSL時代の難所で、急カーブを描く小さな駅構内の俯瞰や上路式プラットトラスの境川橋梁(長さ134m)などは、好撮影ポイントだった。

日豊本線
餅原
もちばる

駅前からは見えない工事費300万円の駅

DATA
- 所在地●宮崎県北諸県郡三股町餅原
- 開業年●1965(昭和40)年
- ホーム形状●1面1線
- 運行本数●上り19本、下り19本

「青井岳越え」の西側に広がる畑のなかの駅で、開業は1965年と遅い。駅前に駐車場と自転車置き場、79年建立の「餅原駅の碑」があるが、ホームはその一段下にあって見通せない。当時の工事費用は300万円だったという。

日豊本線 竜ヶ水(りゅうがみず)

海が近い

DATA
- 所在地●鹿児島県鹿児島市吉野町
- 開業年●1915(大正4)年
- ホーム形状●2面2線
- 運行本数●上り14本、下り13本

運転士の機転で土石流の襲来直前に乗客を避難

シラス台地と錦江湾(きんこう)(鹿児島湾)に挟まれた駅。1993年に構内の土砂崩れで列車が立ち往生した際、運転士が無人の車両を土石流の危険が迫るなかで動かして堤防代わりとし、襲来直前に乗客を無事避難させたエピソードが残る。

指宿枕崎線 薩摩塩屋(さつましおや)

海が近い

将来の線路増を企図かホーム屋根のY字形支柱

知覧町(ちらん)塩屋地区の北の外れに位置し、集落寄りは荒れ果てた広場、ホームの向こうは広い畑。待合室もない1面1線のホームから広場に張り出した屋根のY字形支柱は、将来の島式2線への拡張を見込んだようだ。

DATA
- 所在地●鹿児島県南九州市知覧町塩屋
- 開業年●1963(昭和38)年
- ホーム形状●1面1線
- 運行本数●上り6本、下り6本

7章 | 九州

指宿枕崎線

西大山
にしおおやま

「JR最南端の駅」は車での観光スポットに

薩摩富士こと開聞岳(かいもん)(924m)を間近に望む"JR最南端の駅"。畑のただ中に位置する。現在は人気の観光スポットとして、ホームに隣接して駐車場や土産物店が設けられ、観光バスやマイカーで訪れた観光客も数多く出入りしている。

田園

DATA
- 所在地●鹿児島県指宿市山川大山
- 開業年●1960(昭和35)年
- ホーム形状●1面1線
- 運行本数●上り8本、下り7本

福島高松
日南線
ふくしまたかまつ

 海が近い

DATA
- 所在地●宮崎県串間市高松
- 開業年●1949（昭和24）年
- ホーム形状●1面1線
- 運行本数●上り8本、下り8本

"二つの県都"駅名は
旧福島町大字高松から

"二つの県都"名を名乗るが、1面1線の小さな駅の1日平均乗車人数はわずか2人（2015年度）。東隣の福島今町同様、旧福島町（現・串間市）内の地名「大字高松」が由来。日南線は西隣の大隅夏井から、鹿児島県域に入る。

薩摩高城
肥薩おれんじ鉄道
さつまたき

 海が近い

DATA
- 所在地●鹿児島県薩摩川内市湯田町
- 開業年●1952（昭和27）年
- ホーム形状●2面2線
- 運行本数●上り18本、下り18本

「ハートロック」が見える
駅のプライベートビーチ

遊歩道で徒歩3分、東シナ海に臨む沿線随一の絶景ポイントで、車が入れないため"駅のプライベートビーチ"とも称される。歌人・菅原道真伝説にちなむ「放ちの鐘」が立ち、波食窪「ハートロック」も見える。

全国
秘境駅
MAP

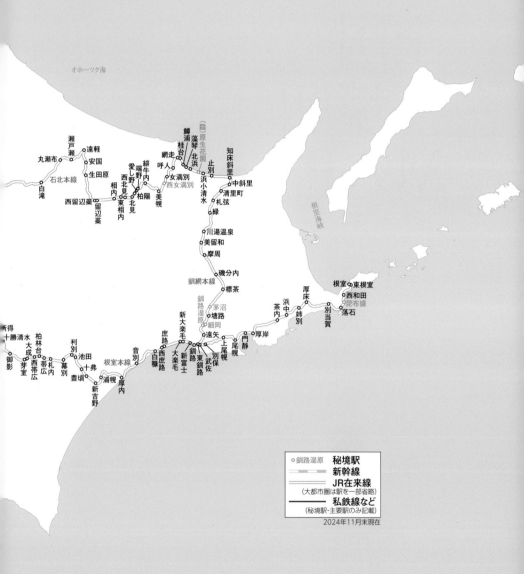

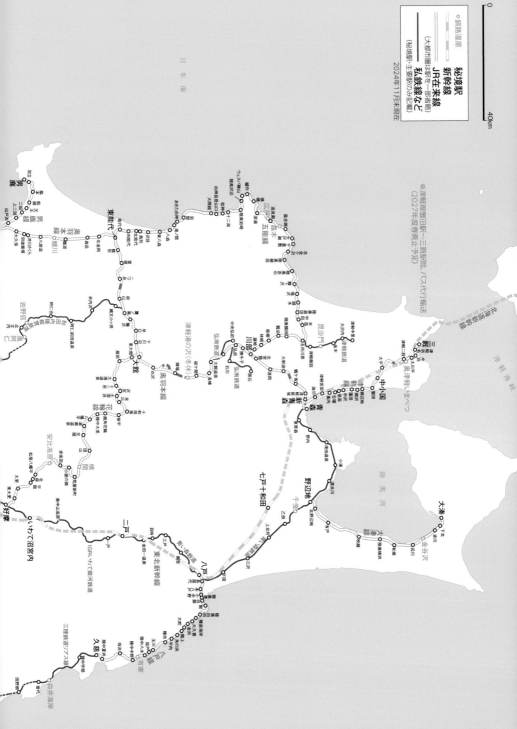

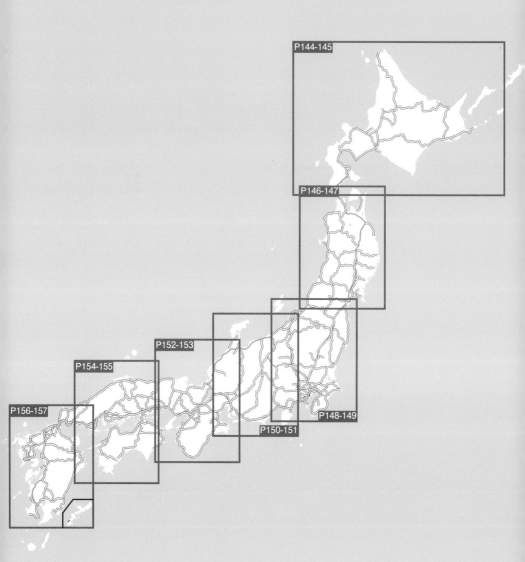

ブックデザイン
斉藤祐紀子

編集
近江秀佳

校正
木村義男

地図
株式会社ジェオ

本書は、株式会社天夢人が2021年10月19日に刊行した旅鉄BOOKS050『秘境駅大図鑑』と『旅と鉄道』2022年9月号「謎めく秘境駅」を再編集したものです。

旅鉄BOOKS PLUS 012
秘境駅の世界

2024年12月20日　初版第1刷発行

編　者	旅鉄BOOKS編集部
発行人	山手章弘
発　行	イカロス出版株式会社
	〒101-0051 東京都千代田区神田神保町1-105
	contact@ikaros.jp(内容に関するお問合せ)
	sales@ikaros.co.jp (乱丁・落丁、書店・取次様からのお問合せ)

印刷・製本　日経印刷株式会社

乱丁・落丁はお取り替えいたします。
本書の無断転載・複写は、著作権上の例外を除き、著作権侵害となります。
定価はカバーに表示してあります。

©2024 Ikaros Publications,Ltd. All rights reserved.
Printed in Japan
ISBN978-4-8022-1547-3

\ 鉄道をもっと楽しく！ 鉄道にもっと詳しく！ /

旅鉄BOOKS PLUS
好評発売中

001 寝台特急「サンライズ瀬戸・出雲」の旅
旅鉄BOOKS編集部 編　144頁・2200円

国内唯一の定期運転の寝台特急となった「サンライズ瀬戸・出雲」。全タイプの個室をイラストや写真で図解するほか、鉄道著名人による乗車記、乗車のアドバイスなど、寝台特急が未経験でも参考になる情報が満載。憧れの寝台特急のすべてが分かる完全ガイド本です。

002 踏切の世界
chokky 著　160頁・2200円

全国には形状、音、立地など特徴的な踏切が多々あります。音や動作に特徴があるものは、著者のYouTube動画のQRコードから、より楽しめるようにしています。さらに踏切の警報灯などを開発・製造している東邦電機工業株式会社を取材。最新の踏切技術を紹介します。

006 電車の顔図鑑4 ローカル線の鉄道車両
江口明男 著　160頁・2200円

「電車の顔」にこだわったイラスト集の第4弾は「ローカル線の旅」がテーマ。北海道から九州まで、各エリアの電車・気動車を新旧織り交ぜて掲載。オリジナルカラーからラッピング車まで、カラフルな顔が1/45、1/80、1/150の鉄道模型スケールで並びます。

008 電車の顔図鑑6 関西大手私鉄の鉄道車両
江口明男 著　160頁・2200円

鉄道車両の精密イラストの第一人者が描く、「電車の顔」にこだわったイラスト集。第6弾は中部・関西・九州の大手私鉄編で、名鉄、近鉄、南海、京阪、阪急、阪神、西鉄の7社を取り上げます。現役車両から歴史を彩った名車まで、会社の"顔"となった電車の顔が並びます。

010 鉄道ミュージアムガイド
池口英司 著　160頁・2200円

大型の博物館から、町の小さな資料館まで、「鉄道車両に会える」全国の鉄道関連の展示施設57カ所を一挙紹介。鉄道博物館めぐりに役立つ一冊です。そこでしか見られない貴重な車両や、懐かしの名車の写真も掲載しています。

011 駅スタンプの世界 探して押して集めて眺めて
坪内政美 著　160頁・2200円

著者が楽しんでいる鉄道スタンプの世界へとご案内。全国のスタンプコレクションを多数掲載するほか、もう失われたと思われていたスタンプの探し方、きれいにスタンプを押す方法、さらには駅スタンプの作りかた、寄贈の仕方までをお伝えします。

012 秘境駅の世界
旅鉄BOOKS編集部 編　160頁・2200円

北は北海道から南は鹿児島まで、全国に点在する秘境駅をデータとともに紹介します。さらに秘境駅の1日を追ったルポや、全国の秘境駅MAPを掲載し、人気の秘境駅を分かりやすくまとめました。秘境駅愛好家必携の一冊です。

これからますます充実していく予定です。ご期待ください！

判型はすべてA5判　価格は10％税込

イカロス出版